Eduard Estivill es licenciado en Medicina y Cirugía por la Universidad de Barcelona, con la especialidad de Neurofisiología Clínica y Pediatría. Desde marzo de 1989 dirige la Clínica del Sueño Estivill y es jefe del Servicio de Neurofisiología del Institut Dexeus de Barcelona. También es coordinador de la USP del Hospital General de Cataluña. Ha publicado, entre otros, el libro «Duérmete niño», del que ha vendido más de un millón de ejemplares en España y ha sido traducido a quince idiomas.

Montse Domènech es licenciada en Pedagogía y Psicología infantil por la Universidad de Barcelona. Trabaja en su centro privado, donde se ocupa principalmente de la atención psicopedagógica de niños, adolescentes y jóvenes con trastornos escolares, conductuales y emotivos. Es coautora, junto con el doctor Eduard Estivill, del libro «Vamos a la cama», que trata el tema del insomnio infantil en niños de entre cinco y trece años.

Cuentos para antes de ir a dormir

Diagonal, 662-664, 08034 Barcelona (España)
Diseño: Judith Rovira
Primera edición: octubre de 2004
Segunda edición: noviembre de 2004
Tercera edición: noviembre de 2004
Depósito Legal: B. 47.713-2004
ISBN 84-08-05508-9
Impresión y encuadernación: Industria Gráfica Marmol, S. L.
Printed in Spain - Impreso en España

Dr. Eduard Estivill
Montse Domènech

Cuentos para antes de ir a dormir

Historias para ayudar a crecer a los más pequeños

Cuentos redactados por Marina Pino
Ilustraciones de Emma Schmid

Índice

Principios teóricos para aprender buenos hábitos

Cuando los padres se plantean tener un hijo, dan por supuesto que van a ayudarlo a crecer con todo el amor del mundo y a enseñarle a ser una persona feliz y responsable. Toda esta aportación de afecto, enseñanzas y normas proporcionan generalmente un resultado excelente si se imparten con sentido común y coherencia. Los hijos reciben todos estos estímulos y responden a ellos en función de dicha coherencia.

Cuando algunos padres se preguntan por qué su hijo no les ha salido como esperaban y por qué adopta formas de conducta tan insólitas, habrá que preguntarse en qué momento de su crecimiento empezaron a surgir incoherencias y cuándo se malinterpretó el sentido común. No es cuestión de sentirse culpable y lamentar las equivocaciones cometidas, sino de valorar lo que ha ocurrido y reflexionar sobre cómo recuperar el buen camino.

Todo lo que los padres enseñan y dan a sus hijos con afecto es positivo, aun con equivocaciones, ya que de los errores se aprende mucho y permiten mostrar las cualidades y defectos propios de cada persona.

Así pues, nadie nace enseñado y de todo se aprende si hay una buena predisposición. Cuando los padres reconocen que no saben cómo inculcar determinados hábitos a sus hijos, no hay nada mejor que buscar los medios para aprender a hacerlo, sin correr el riesgo de improvisar estrategias que podrían empeorar las cosas. Ya habréis oído muchas veces frases como «ya lo hemos probado todo», «no hay manera». Por supuesto que hay manera, y es mucho más sencillo de lo que parece.

¿Cómo se adquiere un hábito?

El dormir a unas horas determinadas y en condiciones estimadas deseables es un hábito y, como tal, se aprende. Vamos a utilizar el ejemplo de la comida para entender cómo se enseña un hábito a un niño:

1. Asociando unos elementos externos a dicho hábito. Cuando llega la hora de comer, los padres siempre llevan a cabo las mismas acciones y preparativos, como si se tratase de un ritual. De forma natural, cogen al niño, lo sientan en la sillita, le ponen el babero, cogen un bol y una cuchara. Estos elementos (sillita, babero, bol y cuchara) permanecen siempre con el niño durante el tiempo en que está tomando la papilla, es decir, llevando a cabo un hábito asociado al comer. A nadie se le ocurre retirar uno de estos elementos antes de que acabe el hábito (a media papilla no se llevan la cuchara y le dicen al niño que termine de comerla con los dedos).

La repetición de esta asociación de elementos externos con el hábito (comer) infunde seguridad al niño. Al cabo de un tiempo el pequeño conoce tan bien todo el proceso que con sólo ver aparecer el bol empezará a agitar los bracitos alegremente porque sabe que ha llegado la hora de la papilla.

2. Mostrando una actitud segura y confiada. Hay que tener presente que los niños siempre captan lo que los adultos les transmiten. Un bebé nunca se traumatiza solo. Siempre hay algo o alguien que le provoca el trauma.

Desde sus primeros días de vida, un niño entiende lo que los adultos le comunican mediante el tono que emplean al hablarle. No necesita comprender el significado de las palabras para saber si sus padres están enfadados o alegres.

En este sentido, no le importará que lo llamen «gordito» o «mocoso» si la voz que lo hace suena dulce, mientras que se asustará al oír un «¡Qué guapo eres, amor mio!», si la garganta pronuncia la frase como un grito.

Del mismo modo, el niño también es capaz de percibir si sus padres se sienten o no seguros al llevar a cabo un acto. Si los adultos que lo cuidan se muestran dubitativos, él también dudará y se sentirá inseguro cuando le toque desempeñarlo a él.

Al enseñar a comer a sus hijos sus primeras papillas, los padres se muestran confiados y tranquilos. Y los niños así lo entienden. Ven que sus papás no tienen ninguna duda acerca del modo en que los bebés deben tomar las papillas en esta parte del planeta. No manifiestan ni un amago de inseguridad al respecto. Siempre lo hacen de la misma manera porque están convencidos de que es la correcta. Tanto es así, que incluso discreparían del más prestigioso de los pediatras si éste apareciese en la televisión explicando una revolucionaria teoría sobre las ventajas de que los niños tomen los potitos con pajita y tumbados en el suelo.

Los papás no dejan que sus hijos coman de una manera diferente a la que ellos le enseñan. Si el niño mete la mano dentro del plato o espurrea el zumo de naranja, los adultos le explican que está actuando incorrectamente. Y a continuación le indicarán el modo de hacer lo correcto igual que le explican que la cuchara se emplea para tomar la sopa y los yogures.

Y, ¿verdad que a nadie se le ocurriría pensar que un niño se va a traumatizar porque lo «obliguen» a comerse el yogur con cuchara? No, porque cuando se lo explican, los adultos lo hacen de manera pausada y natural, no como si se tratase de un castigo. Nadie le va a decir «Y ahora te voy a castigar a comerte la sopa con cuchara». Y, como no le vamos a transmitir sensación de castigo, el niño nunca va a vivir traumáticamente este hecho.

En cambio, con el dormir no sucede lo mismo. Tal vez vosotros también habéis pronunciado en alguna ocasión una frase similar a «Si te portas mal, te irás a la cama». Y es que a menudo los padres castigan a sus hijos con irse a la cama o a dormir. Al hacerlo, provocan que el niño asocie la «cama» con castigo, con algo negativo y hasta traumático.

¿Qué sucedería si dudáramos?

Pensemos por un momento en que los padres no tienen tan claro que para que un niño coma correctamente hay que sentarlo en una sillita, ponerle un babero y ayudarse de un bol y una cuchara. Imaginemos que un día cambian el babero por un mantón de Manila y el bol por un casco de moto, y que en vez de sentar al niño en su sillita optan por «instalarlo» en la canasta de baloncesto del jardín mientras prueban a encestar las cucharadas de papilla desde la ventana del comedor. Absurdo, ¿verdad? ¿Y qué va a pensar la pobre criatura? Probablemente, estará deseando crecer y aprender a hablar y decir: «A ver hoy dónde me darán de comer estos ineptos.» Ahora, en serio, con tanta duda e improvisación, los padres están transmitiendo inseguridad a su hijo. El niño capta que los adultos se sienten desbordados, que no saben qué hacer y que van improvisando. Además, al cabo de un rato, estarán malhumorados y frustrados. De este modo, resulta totalmente imposible que el chiquillo se sienta seguro y que aprenda los hábitos apropiados para un buen comer. No lo conseguirá hasta que sus progenitores le transmitan la seguridad necesaria para entender que aprender a comer con su cuchara es algo sencillísimo y no un número circense.

¿Cómo se comunica un niño?

Un niño es un ser inteligente, listísimo. Desde el momento en que nace observa detenidamente a sus padres y sabe cómo actuar para conseguir que ellos respondan a sus deseos y demandas. Es decir, sabe perfectamente que toda acción suya provoca una reacción en sus padres. A medida que el bebé crece también aumenta su capacidad de comunicarse con los adultos.

De los 6 a los 18 meses (cuando todavía no sabe hablar): su manera de comunicarse durante este período consiste en realizar una acción que provoque una reacción en el adulto. En este sentido, puede:

– Sonreír, decir bubú, dar palmaditas: con esas monerías consigue que sus padres se emocionen y se hinchen como orgullosos sapos. Sin embargo, al vigésimo bubú, los padres parecen no escucharlo.

– Llorar, gritar, vomitar y darse golpes: con este eficaz repertorio obtiene toda la atención de sus padres, que corren a hacerle compañía y mimos. En realidad, no le pasa nada, sólo quiere llamar la atención y no estar solo.

Por eso, cuando el niño no sabe conciliar el sueño por sí mismo y se siente inseguro, intentará que sus padres corran en su busca. Pero como ha comprobado que diciendo bubú nadie lo atiende, probará con una acción más contundente pero no por eso debéis asustaros. Para un niño vomitar es algo muy sencillo y aunque se dé golpes –algo que en principio os puede alarmar, y con razón–, no llegará a hacerse daño y abandonará esta práctica en cuanto entienda que vosotros no le dais ninguna importancia.

De los 18 meses a los 5 años: a esa edad los niños adquieren una nueva arma: el lenguaje. Sin embargo, lo utilizan de un modo distinto al que lo hacemos los adultos. Para un niño de tres años la palabra es una acción más. Saben que al pronunciar determinados vocablos sus padres reaccionan inmediatamente. Después de mucho experimentar saben que:

– A un «mamá-coca-cola» a las dos de la mañana no se le hace ningún caso.

– Un «papá-sed» repetido veinte veces a las dos de la mañana logra que el padre se levante de la cama a la que hace veintiuna. Y, aunque sea imposible que el niño tenga sed, cuando le den el vaso de agua se lo beberá. Lo hará sólo para que piensen «pues era verdad, pobrecito». De ese modo, piensa el niño, también le harán caso la próxima vez que utilice dicho recurso.

– Un «mamá-pupa-barriga» es infalible. Consigue que cualquier madre se abalance sobre su pequeño para comprobar que se encuentra bien.

Conclusión: ¿Qué hará un niño cuando quiera que sus padres corran a hacerle compañía? Está claro, utilizará las palabras más alarmantes y eficaces aunque no tengan ningún fundamento y, en ocasiones, ni siquiera sepa qué significan exactamente.

Cuanto antes, mejor

Los berrinches, comedias e intentonas desesperadas de llamar la atención son formas de «conducta inadecuada» de vuestro hijo. Ante un comportamiento de este tipo caben dos posibilidades:

1. No hacer caso al niño.
2. Atender a su llamada de atención.

¿En qué consisten estas dos posibilidades? Pongamos un ejemplo sencillo: vuestro hijo quiere que le deis un objeto que está en la habitación. Su manera de pedirlo es señalarlo y empezar a berrear. Dar berridos es una conducta inadecuada. Ante ella, podéis reaccionar:

– No haciendo caso de sus chillidos. Es decir, no le dais el objeto y simuláis que ni siquiera lo oís. De ese modo, el pequeño aprende que las cosas no se piden poniéndose como un basilisco y tendrá que encontrar otro modo, el que vosotros le enseñaréis que es el adecuado.

– Dándole el objeto porque sus agudos gritos están a punto de destrozar vuestros nervios y hasta la vitrina del comedor. Si respondéis a su demanda, el niño creerá que es la normal y siempre pedirá las cosas de la misma manera. Es decir, estaréis reforzando su conducta inadecuada.

La conducta puede ser innata o aprendida. El llorar o patalear para conseguir un objeto constituyen formas de conducta innatas, que cualquier bebé realiza de manera espontánea sin que nadie se las explique. Pero no por innatas tales actitudes dejan de ser inadecuadas.

Según cómo actúen los padres ante estas primeras reacciones, el niño aprenderá a repetirlas o a desecharlas. A partir de ese momento –de esa interacción–, el llorar será una conducta aprendida. Cuantas más veces la reforcéis, más difícil os resultará modificarla. Y si el niño cumple diez años comportándose de ese modo probablemente será insoportable durante toda su vida.

Por tanto, lo mejor y lo más fácil es empezar a modificar las formas de conducta inadecuadas cuanto antes. La manera de hacerlo será siempre la misma, tanto para un niño de ocho meses como para otro de cuatro años: nunca se hará caso de ellas.

Despacito y buena letra: es el momento de los cuentos

Está comprobado que el cerebro de un niño concilia el sueño con mayor facilidad si le enseñamos a dormir en la franja horaria que va entre las ocho y las nueve de la noche en invierno y las nueve y las diez en verano. Por eso es fundamental que nos guiemos por este horario para fijar el nuestro propio y que, una vez establecido, lo respetemos siempre.

Teniendo en cuenta este horario determinaremos cuándo vamos a realizar las demás rutinas y concluiremos que la mejor hora para darle de cenar será a las ocho de la noche (recordad que la comida nos ayuda a poner en marcha el reloj).

En cualquier caso, en cuanto el niño acabe de comer, retiraréis todos los elementos externos asociados al hábito de comer, incluidos el vaso de leche, los zumos... Así el niño entenderá que la comida tiene sus tiempos y que no deberá recurrir a las excusas de «tengo hambre» y «tengo sed» cuando se encuentre solo e inseguro en su habitación. Cada cosa tiene su momento.

El hábito del afecto como paso previo para enseñar a dormir a un niño

Los nuevos descubrimientos científicos sobre cómo aprende a dormir un niño nos indican que el estado de relajación previo al sueño es básico y necesario. Nadie se duerme moviéndose, hablando, gritando o riendo, y menos los niños. Es necesario un estado de calma y tranquilidad para iniciar el paso que va de estar despierto a estar dormido.

Hoy en día sabemos que el niño aprende a dormir correctamente mediante asociaciones. El hábito se adquiere porque el niño aprende a asociar elementos externos como son el ruido y la luz con vigilia y el silencio, la oscuridad, su muñeco y sus chupetes, si los usa, con el sueño.

Estos elementos deben permanecer con el niño todo el tiempo que dura el hábito, ya que si se despierta a medianoche y no los encuentra el niño los reclamará llorando. Es conveniente utilizar elementos externos que puedan estar **toda** la noche con el niño y nunca darle «cosas» que después vayan a desaparecer (agua, la manita, los brazos de mamá, la luz, canciones, cuentos, etcétera).

Para que el niño pueda iniciar el aprendizaje del hábito del dormir es primordial que exista previamente un espacio de tiempo, que puede ser de diez a veinte minutos, durante el cual los padres proporcionarán un estado placentero, afectuoso y de relajación al niño, para que éste entre lo más calmado posible en su cama o cuna y así concilie el sueño **solo**.

Es en este espacio de tiempo «de relajación» cuando explicar o leer cuentos juega un papel importante, ya que proporciona al niño ese estado de tranquilidad que lo preparará para iniciar el sueño solo. No obstante, debemos evitar que el niño se duerma mientras escucha nuestro relato, ya que si vuelve a despertarse, el niño reclamará el cuento para volver a dormirse. Es decir, debemos evitar que el niño relacione los cuentos como un elemento externo de su sueño.

El momento más adecuado para leer los cuentos es justamente después de cenar. Es el instante que nosotros conocemos como «hábito de la afectividad». Debe buscarse un lugar tranquilo, como puede ser el sofá de casa, sin televisor ni ruido alrededor, para explicarle que empezaremos a estar con él. Es un espacio de tiempo tranquilo y relajado que los padres regalan al niño. Él debe asociarlo precisamente a ese afecto que los padres le dan. El niño debe estar bien despierto, con luz alrededor y tiene que tener claro que son los padres los que deciden explicar un cuento. Siempre será uno cada noche, y cuidado porque el niño siempre os pedirá más, pero es básico que vosotros impongáis vuestras condiciones. Un cuento cada día es suficiente para proporcionar al niño afecto y tranquilidad. Si siempre lo hacéis así el niño asociará este momento agradable con la antesala del sueño.

Llegará el momento en que el niño, feliz, os pedirá que le leáis un cuento para después irse a la cama de forma voluntaria y sin llanto.

Recordad: cuentos para comunicar afecto, seguridad y relajacion, no para que los niños se duerman.

Cuando hace ocho años publicamos nuestro primer libro con una serie de normas para enseñar a dormir a los niños, nunca pensamos en la gran aceptación que tendrían nuestros métodos. No obstante, después de ver traducidas nuestras ideas a más de quince idiomas, pensamos que los padres tienen en ellas una herramienta útil para inculcar unos buenos hábitos de conciliación del sueño en sus hijos.

Nuestro método se basa, sencillamente, en seguir una serie de rutinas y transmitir afecto mientras las aplicamos. Tan fácil y tan difícil a la vez.

Estas rutinas son básicamente tres: hábito de comer correctamente (cena), hábito de la comunicación afectiva (estado de relajación previo al sueño) y unas pautas de conducta adecuadas para enseñar a dormir correctamente a nuestro hijo.

En el segundo punto, el de la comunicación afectiva, es donde cumple su función el libro que ahora os presentamos. Tal como explicamos más arriba, es necesario un estado previo de relajación para que el niño se duerma y eso se logra con lo que denominamos «hábito de la afectividad». Y los cuentos resultan una herramienta utilísima como elemento externo de expresión del afecto.

«Cuentos para antes de ir a dormir» es un compendio de cuentos a los que recurrir precisamente en ese momento, y a los que hemos querido aportar algo nuevo. Están especialmente pensados para que contengan un plus educativo, no sólo para que tengáis un material para leer o explicar antes de inculcar a los niños el hábito del sueño, sino para daros algunas normas a la hora de tratar sobre determinados problemas, dudas e interrogantes concretos que vuestros hijos os pueden plantear.

El libro que tenéis en vuestras manos ha sido concebido con un propósito determinado. Hay muchos libros de cuentos para entretener a vuestros hijos y para enseñarles algo, pero «Cuentos para antes de ir a dormir» se ha escrito en su totalidad con una idea determinada: servir a los padres para tratar en forma de relato aquellos problemas, dudas, angustias y malos hábitos que con frecuencia aquejan a nuestros hijos.

Ellos están en fase de crecimiento y por tanto de «construcción», por así decir, de su personalidad. Nuestra ayuda como padres en esa construcción es esencial. Los hemos traído al mundo, los queremos, pasamos muchas horas con ellos y tenemos toda una experiencia que transmitirles. Los hijos pasan de unos maestros y profesores a otros, de unos amigos a otros, pero nunca cambian de padres. Así que los padres siempre estamos «de guardia». A nosotros nos han contado cuentos de pequeños y siempre los hemos solicitado. «¡Cuéntame un cuento!» ha sido nuestro estribillo. Nos ha gustado que nuestros padres nos contasen un cuento. Se nos han grabado en la mente. Y a menudo han cambiado nuestra conducta y nuestras ideas sobre el mundo. Una orden o recomendación son algo explícito que conviene obedecer. Pero un cuento es un verdadero paseo por mundos en los que las peripecias de los protagonistas nos muestran una serie de valores y experiencias que nos costaría más aprender con sólo una simple orden. Y además disfrutamos con la historia. Recuerdo que mi madre me contaba cuentos. Había nacido una hermanita y estaba celosa, pero mi madre supo dedicar un tiempo, mientras cocinaba, a contarme una historia fabulosa, llena de personajes apasionantes, de la que hoy todavía me acuerdo. Creo que los padres no sólo deben comprarles cuentos a los niños, también deben contárselos. La hora de contar cuentos es una hora de afecto que ningún libro impreso, ni la televisión, ni Internet, ni las películas por sí mismos pueden sustituir.

Los niños son personas en desarrollo. No han llegado todavía al grado de madurez de un adulto y necesitan saber, comprender, informarse sobre un montón de cosas, por eso preguntan y experimentan tanto. Los cuentos son para ellos una parábola de la vida. Como su mente es todavía tan versátil y orientada hacia lo fantástico, saben captar estupendamente la fantasía de los cuentos como algo que tiene que ver con la vida. Si a un niño le decimos «no seas atrevido, es peligroso», puede que lo comprenda pero no «vive» la posibilidad de tal peligro. Pero si le contamos un cuento como el titulado «Un gran aventurero», en que un niño huye de casa para correr grandes aventuras que tienen un final comprometido, entonces sabrá mejor a qué nos referimos porque vivirá la peripecia con el protagonista.

Las diversas historias contadas se ajustan a nuestro mundo moderno pero contienen una buena dosis de elementos maravillosos o fantásticos, que es el sello de un buen cuento. Aquí encontraréis brujas buenas, urracas que dejan de robar, princesas que vienen de otro planeta, niñas que se convierten en reinas en su imaginación, huchas mágicas, encantamientos y hasta objetos que brillan en la oscuridad… Todo ello perfectamente engarzado en situaciones de lo más actuales.

Los cuentos son tan importantes en la vida de los niños que debemos ser cuidadosos al seleccionar los que vamos a contarles. Si un niño tartamudea, es mejor que no se sienta censurado ni acosado para hablar bien. Nuestro cuento «Viaje al planeta Tartax» ha sido ideado contando con que la princesa que tartamudea no lo hace por un defecto de habla, sino porque procede de un planeta en el que se habla de ese modo. Pero como la princesita debe vivir en el planeta Tierra, ha de aprender a hablar en el «idioma terrestre». De este modo no se culpa ni ridiculiza al niño tartamudo, sino que se le hace ver que debe cambiar su modo de hablar por medio de ciertas técnicas para adaptarse al mundo en que vive.

Ese respeto al niño que debe vencer dificultades y problemas ha sido nuestra norma. Todos los niños tienen problemas y dificultades para hacerse adultos, de modo que hemos ideado una colección de cuentos adecuados para cada una de las dificultades, al menos las más actuales y habituales, por las que pasan nuestros hijos. Teniendo en cuenta además que éstos no padecen uno solo de esos problemas sino que pueden ir padeciendo varios de ellos a lo largo de su infancia, si no todos (¡aunque esperemos que no!), podremos utilizar muchos de los cuentos de la colección para un solo niño. El niño que hoy teme a los monstruos mañana sufrirá el conocido shock a causa del nacimiento de un hermanito; y el que vive muchos años como hijo único tal vez necesite de una buena inmersión –a través del cuento– en una familia numerosa para aprender ciertas cosas; el que es desobediente puede que más tarde obedezca pero sea un chico solitario; y el que temió que la Tierra chocase con un aerolito, es probable que en otra etapa de su crecimiento sea un niño inapetente, sin que unos problemas tengan que ver con otros: se trata más bien de distintas etapas de crecimiento.

Un cuento para cada día, sí, pero también un cuento para cada temporada. Si además tenemos varios hijos, es obvio que a cada hijo le convendrá un cuento distinto.

Los cuentos en sí mismos son sólo un material a vuestra disposición. Si el lenguaje o el significado de cada uno de ellos suscita dudas y preguntas en vuestro hijo, a vosotros os cabe aclararle esas dudas. Si os parece que el niño es demasiado pequeño, a vosotros os cabe traducirlo a palabras más sencillas en el momento de leerlo. Si por el contrario es demasiado mayor, el cuento os dará ocasión de enriquecerlo o de bromear sobre él, todo ello según el carácter y la formación de vuestro hijo. Contamos también con la vida que le daréis al relato y a los diálogos de los personajes al leer el cuento en voz alta. Podemos variar el tono según el efecto que queramos producir en el niño: emoción, risa, ternura, exageración. Basta con mirar su carita para saber qué es lo que siente nuestro niño. Si está aburrido, nos apañaremos para darle emoción al cuento añadiendo, si es necesario, detalles de nuestra cosecha; y si está asustado, nada mejor que quitarle importancia a la historia dándole un aire de comedia exagerada hasta verlo sonreír. Nuestros cuentos son un material vivo.

Los cuentos son sencillos, pero si encontráis palabras que el niño no pueda entender, será buen momento para que las comentéis. Recordad que las palabras que son comunes en un país, pueden ser poco corrientes en otro y viceversa. Ello resulta también útil para que los padres y abuelos puedan ilustrar a los niños sobre palabras de su tierra natal o su infancia que el niño no conoce porque no suele oírlas.

Y, finalmente, el libro os puede ser útil porque comprende veintisiete cuentos adaptados a otros tantos problemas o inquietudes de los niños, y un comentario al final de la obra que os aclarará por qué aparece cada problema y cómo hay que tratarlo, con algunos comentarios orientativos sobre el significado y la intención de cada cuento. Un índice con la agrupación de cada cuento o cuentos bajo un determinado epígrafe (el niño que no quiere comer, el que tiene miedo, etcétera) os acabará de facilitar el trabajo de búsqueda.

Los cuentos tienen distintos enfoques según sea el problema a tratar. Los hay pedagógicos, que sirven para enseñar hábitos saludables; terapéuticos, si llegan a ser capaces de «curar» sentimientos negativos o penas interiores, como la separación de los padres o el nacimiento de un hermanito; consoladores, que son útiles para dar consuelo ante lo irremediable, como la muerte de un ser querido, un animal, un amiguito; desmitificadores, que sirven para reírse de los «cocos» que aparecen en la vida del niño; de ánimos y realización personal como en el caso de los niños superdotados o solitarios; el niño que todo lo consigue a golpes, o el que se niega a dormir en ausencia de mamá y tiene que tomar la saludable «medicina» que le administra su padre…

Nuestra idea es que uséis tanto nuestro libro de cuentos para antes de ir a dormir que, al final, acabe roto y gastado. Esperamos que os sea muy útil.

Cuentos

Los dos príncipes

En el reino de los guibichungos había una vez dos príncipes que vivían con su viejo padre el rey Guibich.

Alidor y Polidor eran altos y rubios. No tenían madre y habían sido criados por el rey en persona, a quien adoraban. Todo habría ido bien en palacio si no hubiera sido por lo mal que se llevaban los dos hermanos.

Alidor era el mayor de los dos y quería mandar siempre. Algún día sería rey. Tenía un caballo mejor y montaba muy bien. Pero Polidor era más valiente. Los dos querían ser el preferido de su padre. Durante los torneos, cada uno se esforzaba por ser el

caballero ganador y recibir así el premio de manos del rey.

Un día Polidor acusó a su hermano de haberle puesto un palo entre las patas del caballo para que se cayese y Alidor se enfadó y le dio una paliza en el patio de palacio. Hubo un gran escándalo en aquel tranquilo reino.

Entonces el rey Guibich, harto de las peleas continuas de los dos príncipes, los reunió y les ordenó que se fueran a conocer mundo. Les dio dinero, ropas, dos caballos magníficos y armas para defenderse. Luego hizo que salieran en direcciones distintas y que volvieran al cabo de tres años. Y así lo hicieron.

Nada más salir del reino, cada uno de ellos fue asaltado

por bandoleros. Alidor lo perdió todo pero Polidor se defendió y pudo conservar su dinero. Al cabo de dos días encontró a Alidor trabajando en una granja.

—¡Oh, Alidor, me alegro de que hayas encontrado trabajo tan pronto! —le dijo Polidor en tono de burla.

Y se fue tranquilamente dejando a su hermano en la miseria.

Meses más tarde la casualidad hizo que Alidor pasara por una aldea y se enterase de que había llegado a la posada un príncipe extranjero y que estaba muy enfermo. Subió a saludar a aquel príncipe y descubrió que era Polidor.

—¡Parece que las cosas no te van bien!, ¿verdad, hermanito? —exclamó Alidor muy alegre.

Y continuó su camino en busca de algún ejército en el que poder servir, sin hacer caso de su hermano.

Pasaron varios años sin que volvieran a verse.

Los dos hermanos se habían alistado en ejércitos diferentes y peleaban uno contra el otro sin saberlo. Durante el asalto a una fortaleza Alidor descubrió a su hermano entre los heridos. Polidor se quejaba lastimeramente y, cuando un compañero de Alidor quiso rematarlo, Alidor se echó encima de él y lo cubrió con su cuerpo. Entonces el soldado no disparó la flecha. El general vio la escena y le perdonó la vida a Polidor, pero arrestó a Alidor por defender a un enemigo. Lo metieron en un calabozo oscuro y le dieron un colchón de paja y un mendrugo de pan.

Cuando Polidor se curó de sus heridas, desertó y viajó sin

descanso hasta el reino de Guibich. Una vez allí, le contó a su padre la historia de sus viajes. Luego le rogó que lo ayudara a rescatar a Alidor del calabozo.

El rey formó una compañía con sus mejores soldados, y al frente de ellos cabalgó el valiente Polidor en busca de su hermano. Una noche atacaron el fuerte por sorpresa y rescataron al príncipe.

A todo esto ya habían pasado los tres años que el rey les había ordenado estar fuera. Pronto murió y Alidor fue proclamado rey. Fue un rey justo y querido. Y el príncipe Polidor se fue a vivir a sus tierras con una joven humilde de la que se había enamorado.

¡Vaya semanita!

Un día la madre de Tomás se fue de viaje y tuvo que quedarse solo con su padre. Tenían un piso bastante bonito y un coche nuevo. Y, en fin, el padre de Tomás era bastante buen chico, pero él hubiera preferido que su madre no se hubiera montado en el avión.

Por la noche Tomás no quería dormirse. Pensaba en su madre. Era pianista y por primera vez estaba de viaje. ¿Es que no podía tocar más cerca? ¡No, tenía que irse al fin del mundo! En cambio, el padre de Tomás era escritor y siempre estaba en casa. Esa noche habían mirado juntos la televisión, luego le había hecho la cena, habían hablado de cosas y le había contado un cuento. Al final su padre se había encerrado en su estudio a escribir y escribir, y a él le había tocado irse a la cama. Pero él no tenía ningunas ganas de dormirse.

Una vez acostado, Tomás llamó a su padre a voces porque decía que tenía miedo. Entonces su padre se sentó en una silla a vigilar su puerta para que no entrasen monstruos. Le habló, pero su padre no contestó. Era capaz de haberse dormido. ¿Y para qué quería él a su padre en el pasillo, sentado en una silla y dormido?

Al segundo día le pidió a su padre que le contase un cuento. Su padre le sentó en el sofá y éste es el cuento que le contó:

—El Lobo Feroz se fue un día a unos grandes almacenes a comprarse un bañador a rayas. Allí le dijeron que no tenían bañadores para lobos. «¿Cómo, que no tienen bañadores para lobos?», dijo el Lobo, muy enfadado. «¿Y ahora qué hago?» «Pues vaya sin bañador», le dijo la dependienta. «¿Sin bañador, yo? ¿Pretende usted que me bañe desnudo?» Y se marchó furioso sin bañador.

—¿Ya está? —preguntó Tomás.

—Ya está. Buenas noches.

—¡Vaya tontería de cuento! —dijo el niño.

Y su padre se fue a su estudio a seguir con sus papeles y lo dejó en su cama.

Al tercer día Tomás llamó a su padre y le aseguró que tenía hambre. Había cenado dos pizzas napolitanas y estaba empachado, pero su padre le dijo que, si quería, quedaba más pizza en la cocina. El niño quería batido de fresa y su padre tuvo la cara de decirle que o pizza o nada. Y se fue a su maldito estudio.

Al cuarto día, Tomás se quejó de que tenía calor y su padre le puso encima la manta del perro, que justamente olía… ¡a perros!

—He dicho calor —se quejó el niño.

—Pues por eso. Los árabes se tapan bien para no tener calor.

¿No los has visto con la cabeza envuelta en un turbante en pleno verano?

Tomás tiró todas las mantas al suelo pero su padre no hizo ni caso. Entonces lo llamó para decirle que tenía frío pero su padre ya se había ido a pasear al perro. Tuvo que bajarse de la cama y volver a ponerse el edredón.

Otro día Tomás despertó a su padre en medio de la noche para decirle que tenía muchísima sed, a pesar de que siempre le dejaba un vaso lleno de agua en la mesilla. Pero él quería naranjada. Tardó mucho y al fin apareció con una lata de cerveza con la excusa de que no había naranjada. ¡Puaf, qué asco!

A la noche siguiente se levantó de la cama, sacó todos los juguetes del baúl y se puso a jugar haciendo un ruido infernal. Por más ruido que hacía, su padre no aparecía. Jugó y alborotó hasta el

amanecer. A las ocho entró su padre en la habitación, recogió los juguetes, lo recogió a él como si fuera un juguete más y se lo llevó al cuarto de baño.

—¡Ajajá! —decía metiéndolo bajo la ducha—. ¡Qué bien sienta una ducha cuando uno no ha dormido!, ¿verdad? ¡Te despeja y te deja listo para empezar la jornada!

Camino de la escuela, Tomás llegó a la conclusión de que su padre no servía para criar niños. ¡No hacía caso de nada! Así que lo mejor que podía hacer era dormirse cada día tranquilamente como había hecho siempre, hasta que llegase mamá.

La noche siguiente Tomás se fue a la cama y se estuvo quietecito hasta que se durmió. Mejor no llamar. Porque ¡a saber qué nuevas «sorpresitas» podía darle su padre!

Una merienda especial

Había una niña llamada Inés que nunca tenía apetito. Nadie sabía por qué, ya que en su casa todos comían muy a gusto.

—Comer y beber hace a la gente feliz —decía el abuelo.

—Come y calla, papá. Que oveja que bala, bocado que pierde —se reía la madre.

—Bendigamos el pan de cada día —decía la abuela, que siempre hacía una cruz en el pan con el cuchillo.

Eso es lo que oía Inés en su casa todos los días y le parecía un fastidio. En la mesa siempre hablaban de lo bueno que estaba todo. Y de lo que querrían comer al día siguiente. Y hasta de lo que comieron cuando se casaron.

Decía la abuela que hasta las criaturas más pequeñas del Universo tienen que alimentarse, y trabajan y luchan por conseguirlo. Y que sólo los seres humanos son caprichosos y tiran la comida.

Era un fastidio escucharlos, la verdad.

El día de su cumpleaños, su gran amiga del colegio, Blanca, quiso hacer una fiesta que fuera especial. Su madre y ella se pusieron a pensar. Tuvieron una idea.

Cuando llegaron los niños se quedaron maravillados al ver las bandejas de la merienda cubiertas de vivos colores. Los bocadillos y los dulces eran de color azul, verde, rosa, amarillo... Aquello era tan bonito como un cuadro.

Todos los niños se lanzaron entonces a coger sus colores preferidos y dejaron las bandejas vacías en poco tiempo. ¡Qué pena, tan bonito y se acababa! Blanca y su madre sacaron más bandejas y también se acabaron.

Hasta Inés, la mejor amiga de Blanca, que nunca tenía ganas de comer, quiso participar en aquella merienda. Nunca había visto un bocadillo color de rosa y le pareció muy apetitoso. Ni una bebida color verde. Había otros niños comilones que probaron todos los colores uno detrás de otro, y dijeron que todos estaban muy ricos. ¡Qué gusto daba verlos comer!

Entonces, Inés también quiso hacer una fiesta especial por su cumpleaños. Pensó y pensó y como nunca tenía apetito no se le ocurría nada. Su madre tampoco sabía qué hacer. Fueron a consultar a una vecina que tenía varios niños y allí encontraron la mejor idea para una fiesta especial.

Cuando llegaron los invitados, Inés los recibió muy contenta.

—¿Qué vas a darnos de merienda, Inés? —le preguntaban en broma—. Seguro que no has tenido una idea tan buena como la de Blanca.

—¡Claro! —dijo Blanca, guiñándole un ojo a Inés.

Pasaron entonces al comedor y se quedaron mudos.

Inés había preparado la merienda con ayuda de su amiga Blanca y de su hermano pequeño. La madre de Inés sólo les había ayudado a meterlo todo en el horno. Con recortes de queso y jamón, aceitunas, tiras de pimiento, tomates, rodajitas de salchicha, champiñones, pepinillos y un montón de cosas más, habían preparado pizzas que tenían forma de reloj, de cara de gato, de ratón, de sol, de estrellas. Eran muy cómicas. Y todos se pusieron a comer

hasta que también se vaciaron las bandejas. Las pizzas estaban muy buenas y además eran divertidas. Al final, la madre de Inés apareció con un pastel en forma de dinosaurio que arrancó gritos de admiración a los niños. Era de color verde claro con escamas de mazapán verde oscuro, con la espalda cubierta de púas de mazapán amarillo, así como también las uñas y los dientes. El ojo estaba formado con una chocolatina blanca y una bolita de chocolate negro en el medio. Nadie se atrevía a tocarlo. Hubiera sido una pena destrozar un dino tan estupendo. Hasta que Inés le arrancó un trozo de cola y los demás niños siguieron despedazando al «monstruo». Debajo de la mantequilla verde encontraron bizcocho de chocolate y se chuparon los dedos.

Cuando los invitados se fueron, Inés le dijo a su madre que era muy feliz. Ver a tanta gente comiendo con entusiasmo le había abierto también a ella el apetito. Sabía que todos los días no se puede hacer una fiesta especial, pero a veces su madre y ella preparaban algún plato con un colorido y una forma original y le daban una sorpresa a su familia.

—Comer hace a la gente feliz —decía entonces el abuelo, como de costumbre, al ver la comida sorpresa.

Y tenía razón, pensaba Inés. Alrededor de una mesa la gente ríe, bromea y siente una gran amistad en el corazón. Así que comer debe de ser algo bueno de verdad. Comer es una fiesta diaria que no hay que perderse.

Todo eso pensaba Inés sin que nadie lo supiera.

Toni y sus primos

Tony no tenía hermanos y por eso tenía un dormitorio y además un cuarto de juegos para él solo. También tenía muchos juguetes y muchos libros de cuentos. Pero era tan desordenado que no se podía ni entrar en su dormitorio ni en su cuarto de juegos. Su madre le había comprado un baúl para que a la hora de acostarse metiera todos los juguetes dentro, pero Tony nunca lo hacía. Luego su padre entraba por la noche a darle un beso de buenas noches y pisoteaba sin querer los juguetes. Su madre le había explicado muchas veces que hay que ordenar las cosas porque, si no, las cosas se convierten en animales salvajes que nunca quieren estar ordenados y se amontonan de tal forma que llegan a veces hasta el techo y entonces hay que buscar otra casa. Pero Tony no hacía ningún caso. Seguía dejándolo todo tirado por ahí, incluso los cuentos y la ropa.

El niño también tenía otra manía. No quería dejar sus juguetes a

nadie porque decía que eran suyos. Cuando venían sus amiguitos a verlo siempre se enfadaba con ellos si le tocaban sus juguetes preferidos. Sólo les dejaba jugar con los que estaban rotos. Sus padres decían que es más divertido repartir los juguetes entre todos, pero Tony repetía que eran suyos y que además los niños lo rompen todo.

Un día los padres de Tony tuvieron que irse de viaje a París y Tony se enfurruñó muchísimo porque no quería que se fueran tan lejos. Sus padres le enseñaron dónde está París en el globo terráqueo para que viera que no estaba tan lejos, pero a él le siguió pareciendo lejísimos. Dijeron que era su aniversario de boda y que la gente, cuando es su aniversario de boda, se va siempre a París. Le contaron que él se iría con sus primos, que vivían en otra ciudad, y que sería muy divertido. Lo llevarían en coche, lo dejarían en casa de sus tíos y luego ellos tomarían el camino de París pero volverían en seguida. Podría llevarse sus juguetes preferidos y jugar con sus primos. Pero a Tony aquel programa no le parecía nada divertido.

Unos días después, los padres de Tony lo desembarcaron en casa de sus tíos, que era un caserón de dos pisos, en una ciudad más pequeña que en la que vivía Tony.

Tenía cinco primos de diferentes edades y a él lo llevaron a un dormitorio donde dormiría con un primo de su edad. Tony protestó y dijo que quería una habitación para él solo, pero sus primos le dijeron que no había ninguna y que era más divertido dormir acompañado.

Y como no quería que nadie tocase sus queridos juguetes, sus primos se iban al patio a jugar y lo dejaban solo. A veces jugaban con una simple escoba o unas espadas de plástico y Tony dejaba sus juguetes, se iba con ellos y se divertía mucho. Por la mañana los dos hermanos mayores hacían como que eran capitanes y sargentos, y mandaban a todos a hacer la cama antes de desayunar. Y por la noche a recoger los juguetes y a ordenar las habitaciones. ¡Sólo les faltaba una corneta, como en el cuartel! El que no obedecía tenía que

pagar una multa. Al principio Tony tuvo que pagar algunas multas del dinero de bolsillo que le habían dado sus padres. Y aquello no le hizo ninguna gracia.

A la hora de comer todos tenían tareas asignadas como poner y quitar la mesa, lavar los platos y barrer. Tony no quería hacer nada de eso, pero le pusieron una escoba en la mano y se dedicó a esparcir el

polvo y los restos de comida de un sitio para otro, para gran diversión de todos. Le asignaron entonces quitar la mesa, pero rompió un plato y un vaso. Dijeron que no servía para nada porque era demasiado pequeño, pero el primo que tenía su misma edad protestó y dijo que él barría perfectamente y que también sabía quitar la mesa. A Tony no le gustó nada que lo llamaran inútil y pequeño, y durante unos días estuvo enfadado y jugando solo con sus preciosos juguetes.

Pero pronto se le pasó porque sus primos eran muy divertidos y sus tíos, muy simpáticos. El domingo iban todos a pasear para que conociera la ciudad y a tomar helados. También había atracciones y un día subieron a unos caballitos y entre él y sus primos, como eran tantos, ocupaban casi todos los caballos, mientras que algunos niños tenían que esperar su turno. Tony escogió un caballo blanco de pelo largo pero antes de poder subir a él ya se lo había quitado un primo suyo y tuvo que conformarse con un caballejo marrón. Pero se divirtió tanto gritando y gritando al girar que volvió ronco al caserón.

Como todos sus primos jugaban casi siempre en el patio de la casa y nadie quería sus juguetes, Tony empezó a dejárselos a su compañero de habitación, pero sólo un ratito. Una vez acostados se contaban cosas y se reían tapándose la cara con la sábana para que nadie los oyese. Algunas noches Tony se ponía a llorar porque quería ver a sus padres, y su primo le decía que era tonto, más tonto que un nabo, y más tonto que una col, y más tonto aún que una zapatilla, y acababan riéndose los dos como dos tontos de capirote.

Otras veces el primo sacaba una linterna y se ponían a mirar sus colecciones de cromos. Si hubieran encendido la luz las «patrullas nocturnas», como llamaban a los mayores, los habrían descubierto. Había cromos de dinosaurios, de motos y muchas otras cosas. Pero la colección que más le gustó a Tony fue la de romanos, cartagineses y egipcios con sus trajes y sus armaduras. Su primo los tenía bien ordenados en álbumes, y ellos iban pasando las hojas y haciendo comentarios.

Al fin llegaron los padres de Tony cargados de regalos para él y sus primos. A la vuelta a casa en coche, Tony estuvo contando todo lo que hacían en casa de sus primos. Habló tanto durante el viaje que sus padres empezaron a tener dolor de cabeza. Pero Tony seguía y seguía hablando de sus primos y también dijo que quería volver con ellos al verano siguiente. Y al otro y al otro.

Hasta que finalmente se quedó dormido en el asiento trasero del coche soñando con un tiovivo lleno de niños que nunca se paraba.

María y la bruja Carlota

María estaba contenta porque acababa de tener una hermanita muy guapa. Toda la familia estaba encantada con ella. Su madre se pasaba todo el día cuidándola, pues los bebés recién nacidos dan muchísimo trabajo. También su padre la mimaba y la cuidaba, y siempre que volvía del trabajo aparecía con algún juguete para ella. Pero los que más cogían en brazos a la niña y más la mimaban eran los abuelos de María.

—¡Qué gordita y blanca es! —exclamaba el abuelo.

—Y mira qué rizos de color del oro tiene —decía la abuela—. Es como una muñeca.

María ayudaba también haciendo recados. Siempre faltaban pañales y había que ir a la tienda a buscarlos. Y a la farmacia a buscar leche, pomadas o talco... También ayudaba a la abuela, que se había quedado sola en la cocina, haciendo papillas, pelando patatas o poniendo la mesa.

Los vecinos y parientes venían a casa a ver a la niña de los rizos de oro cargados de regalos. Colonia, vestiditos diminutos, osos de peluche, le traían de todo. Y los padres de María sacaban pasteles y había mucho jolgorio en casa. Pero a ella no le decían nada. O le decían que estaba hecha una mujercita y luego se ponían a hablar de la recién nacida como si fuera una cosa importantísima. La abuela le mandaba que trajera cosas de la cocina para las visitas, y hasta su padrino parecía haberse olvidado de ella. Ya no jugaban al juego de la oca que le había regalado y que a ella le gustaba tanto. Tenía unos dibujos muy bonitos, fichas en forma de oca y dados de colores diferentes. Y cada vez que ella ganaba, su padrino le daba medio euro para sus gastos.

María se miraba con frecuencia en el espejo grande que su madre llamaba «la luna» y se veía muy fea. Los vestidos le quedaban pequeños y además ya no tenía el cabello rubio como cuando era pequeña.

Un domingo toda la familia se fue a comer al campo. Extendieron una manta en la hierba y la abuela sacó un montón de fiambreras con toda clase de cosas buenas para comer. Los pájaros cantaban y el río bajaba transparente y saltando de piedra en piedra.

Después de comer, su padre y su padrino sacaron las cañas y se fueron a pescar truchas. Su madre y su abuela se ocupaban de la niña, que estaba en un moisés pequeño sobre la hierba. Y, como siempre, su abuelo se quedó dormido con la pipa entre los dientes.

Aburrida, María decidió dar una vuelta por los alrededores de aquel sitio tan bonito y casi sin darse cuenta se metió en un bosquecillo. Oyó el rumor de un manantial cercano y quiso descubrirlo. Pero, por más que andaba, siempre oía el rumor del agua sin encontrar la fuente. Al cabo de mucho rato, en un rincón del bosque muy espeso, descubrió el nacimiento del río en el que pescaban su padre y su tío. Se quedó maravillada. El agua salía de una rendija en las rocas, saltaba llena de espuma y bajaba monte abajo entre las piedras. El río empezaba siendo un chorrito pequeño como el del grifo, luego se iba haciendo más ancho y más ancho, hasta que se convertía en un gran río. Era increíble.

María estaba sola en medio de aquel rincón del bosque de donde salía el manantial secreto. Entonces se fijó en una señora muy vieja que estaba sentada en un piedra, mirándola.

—¿Qué haces por aquí, niña? —le preguntó la anciana.

—He venido a comer con mi familia —contestó María, muy apurada—, pero creo que me he perdido. No sé si sabré volver.

El cielo se había vuelto muy oscuro. De pronto unos nubarrones muy feos y oscuros empezaron a cubrir el cielo azul.

—No te preocupes —dijo la anciana con dulzura—. Averiguaremos dónde vives y te llevaré con tus padres.

María le contó que no quería volver con ellos nunca más. Ahora tenían una niña pequeña y a ella nadie le hacía caso.

—Pero ellos seguro que te quieren —dijo la señora.

—No —dijo María—. Ya no me quieren. Estorbo siempre y me hacen trabajar como si fuera una criada. ¡Sólo se ocupan de la niña!

—Entonces, ¿querrías que tu hermana desapareciera?

—¿Podría hacerlo usted?

—Claro. Tengo poderes especiales. Puedo hacer desaparecer niños y muchas otras cosas.

—¿Es usted bruja? —preguntó María asustada, pero también muy interesada.

—¡Si quieres llamarme así! Pero me llamo Carlota. Necesito una clase de setas especiales para mis pociones mágicas y había venido a este bosque a recogerlas.

Estaba oscureciendo del todo y la señora Carlota cogió a María de la mano y, como no quería volver con su familia, se la llevó a su casa, una cabaña junto al bosque.

María se quedó fascinada al ver todos los frascos con líquidos de todos los colores que tenía Carlota. Y sus hornillos encendidos en los que estaban hirviendo nuevas pócimas. Una pequeña lechuza blanca lo observaba todo desde su percha. La cabaña estaba muy limpia, pero todos aquellos líquidos y todas las hierbas que Carlota tenía sobre una mesa para hacer medicinas y bebidas mágicas soltaban por toda la cabaña un olor muy extraño y muy fuerte.

—Y ahora —dijo Carlota— prepararé un brebaje para que tu hermanita desaparezca y tus padres vuelvan a quererte como antes. ¿Es eso lo que quieres?

Pensó en el disgusto que se llevaría su familia si la niña desapareciera. Lo descubriría todo y la echarían de casa para siempre.

—No es eso lo que quieres, ¿verdad que no? —dijo Carlota adivinándole el pensamiento.

—¿Y si me convirtiera usted en una niña pequeña? Entonces, mis padres volverían a ocuparse de mí —se le ocurrió a María.

—No está mal pensado —dijo Carlota—. No me gusta hacer desaparecer niños. Pero sí que podría convertirte en una niña tan pequeña que tus padres tendrían que cogerte en brazos. Pero primero toma una rica sopa que he preparado porque es muy tarde y debes de tener mucho apetito. Luego te acuestas y mañana veremos lo que hacemos.

La niña se tomó un tazón de sopa muy rica que sabía a tomillo y en cuanto se la acabó se convirtió en un bebé de pocos meses. Era un bebé muy lindo, con el cabello rubio y suave y las carnes rosadas. Daba gusto verla y la vieja suspiró. La envolvió en una sábana y la acostó en una cuna.

Al día siguiente Carlota se la llevó a casa de sus padres en la ciudad. Llamó y salió la madre.

—Les traigo a su hija María —dijo Carlota bondadosamente—. La encontré perdida en el bosque y la recogí.

—Ésta no es nuestra hija, señora —dijo con tristeza su madre—. María es una chica mayor y la echamos mucho de menos. Pero no logramos encontrarla y estamos desesperados.

—Es verdad —dijo su padre—. Es una chica magnífica. Siempre ha sido la primera de la clase.

—Y a mí me ayuda en la cocina —dijo la abuela.

—Y yo la llevo al cine y nos lo pasamos muy bien —añadió el abuelo, echando humo de su pipa.

—Y me gana siempre a todos los juegos —dijo su padrino—. Todos estamos muy tristes sin María y queremos que aparezca.

Entonces, Carlota empezó a murmurar por lo bajo unas palabras muy raras que nadie entendió y en ese momento María volvió a ser como antes y se bajó de los brazos de Carlota.

La familia se puso muy contenta al ver a María. Maravillados, invitaron a la señora Carlota a merendar, pero ella dijo que vivía muy lejos y que tenía que volver a su casa antes de que oscureciera.

Quisieron saber cómo había sucedido aquel prodigio, pero, cuando se dieron cuenta, la bruja Carlota había desaparecido envuelta en un remolino de viento, ¡blufff!, que hizo volar por los aires las primeras hojas de otoño.

El Mago de los Cuentos

Por la noche, cuando los niños están preparándose para ir a la cama, llega el Mago de los Cuentos. Sube la escalera muy silenciosamente porque lleva zapatillas de terciopelo. Abre la puerta de la casa con mucho cuidado y se coloca sin hacer ruido detrás de ellos. Les sopla muy suavemente en la nuca y la cabeza se les vuelve pesada, pesada, hasta que se relajan.

Cuando los niños ya están tranquilos, y antes de ir a la cama el Mago de los Cuentos se sienta con ellos en el sofá y les cuenta un cuento. No hay nadie en el mundo que sepa tantos cuentos como él.

Durante una semana el Mago de los Cuentos le hizo una visita, cada noche, a un muchachito y le contó siete cuentos porque la semana tiene siete días.

Lunes

El monstruo rojo

—¡Escucha este cuento! —le dijo el Mago de los Cuentos—. Me encantan los monstruos y voy a contarte una historia sobre mi monstruo preferido. Los monstruos son grandes y feos. Algunos tienen escamas verdes. Otros tienen grandes colas y dedos enormes. Y otros saben rugir como un trueno. Pero son muy bondadosos. La gente les tiene miedo porque son grandes y feos, pero no sabe que son tan bondadosos. Si lo supieran, se harían amigos de ellos, pero nadie lo sabe. Yo soy muy amigo de los monstruos. Los hay que viven en el mar, y otros se esconden en cuevas. Se esconden porque las personas les dan mucho miedo. Temen a los cazadores, que con sus armas son capaces de matar a animales tan grandes como los elefantes. Solamente comen hierbas y les gustan mucho los niños, pero como tienen un aspecto terrible los niños se asustan al verlos. Así que tienen que esconderse.

Un día iba yo por un camino montañoso cuando estalló una horrible tormenta. El agua caía del cielo como si fuera el Diluvio, y los rayos y los truenos retumbaban en el valle y lo iluminaban como si hubiera un incendio. Corrí a refugiarme en una cueva. En el polvo del suelo de la cueva, que era muy amplia y profunda, vi unas pisadas tan

grandes como uno de esos anuncios en forma de zapato que hay en algunas zapaterías. ¿No los has visto nunca, niño? Miden al menos medio metro para que la gente las vea de lejos y diga: «Ahí hay una zapatería. Vamos a entrar.»

Luego oí un gruñido tan fuerte que pensé que era un trueno, pero, no, era un gruñido. Noté el calor de un aliento. Y una fuerte respiración. Me entró mucho miedo, pero no podía salir fuera de la cueva porque la tormenta era terrible. Podía haberme matado un rayo.

Entonces apareció ante mí una masa enorme de color rojizo, exclamé «¡Un monstruo!» y me desmayé.

Cuando me desperté, la tormenta se había marchado a otro sitio pero era de noche y estaba muy oscuro. El monstruo había encendido un fuego y hacía un calorcito agradable. Estaba asando un trozo de carne en el fuego y luego me la dio para que me la comiera. Rugía al dármela, como si me hablara, pero lo hacía bajito para no asustarme. Pronto me tranquilicé. Aquella forma roja, en cambio, cogió con sus manazas un gran manojo de hierbas y se las comió con mucha satisfacción. Yo me comí la carne y bebí agua de lluvia que el monstruo había recogido en una tinaja.

Aquel monstruo vegetariano sabía que los hombres comemos carne, así que mientras yo estaba desmayado había encendido fuego en la cueva y se había ido de caza a algún sitio para que yo comiera. No sé qué carne era aquélla, pero cuando se tiene hambre, uno se come cualquier cosa.

Cuando amaneció dejé la cueva, pero antes de marcharme le di unas monedas de plata a aquel monstruo tan amable. Él las cogió, las

miró por delante y por detrás con curiosidad, y gruñó de satisfacción. Y, antes de que yo pudiera impedirlo, se las tragó como si fueran caramelos. Desde entonces, nos hicimos muy amigos. Poco a poco fui acostumbrándome a su fealdad. Tenía la piel oscura salpicada de mechones de pelo rojo, unos ojos grandes y redondos, y una boca como de cocodrilo. Cuando se ponía en pie, debía de medir más de dos metros. Creo que empezaba a entender lo que quería decir con sus gruñidos. Bueno, al final lo entendía perfectamente.

Hasta que un día alguien lo vio y se reunieron unos cuantos cazadores para matarlo. Entonces tuvo que marcharse lejos en busca de alguna otra cueva segura.

Lo que yo empezaba a entender antes de que se marchara era que quería ver niños. Cuando pasaba alguno por el camino del valle, allá al fondo, gruñía de una forma muy dulce y lo señalaba. Pero yo sabía que si le presentaba a algunos niños que conocía iban a asustarse mucho. No sé si él me entendía. Nunca pude llevarle a la cueva a ningún niño para que se lo pasara bien. No sé en qué cueva estará ahora. Pero, si lo supiera, tal vez algún niño, después de conocer la historia del bondadoso monstruo rojo, quiera acompañarme a conocerlo.

Martes

La noche es un abrigo

La oscuridad es buena porque es como un manto que nos envuelve para que podamos dormir bien abrigados en nuestra cama. Si siempre fuera de día, no podríamos dormir. Tendríamos que cerrar bien todas las puertas y ventanas para estar a oscuras. Pero tampoco podríamos dormir bien porque la noche tiene un calmante especial que duerme a la gente.

La oscuridad también es bonita porque en ella siempre están pasando cosas. En las casas de los niños, lo que pasa en la oscuridad siempre es bueno, porque en casa de nuestros padres las historias malas no pueden entrar. Las sombras malas tienen miedo de nuestros padres. Saben que las echan a escobazos, porque nuestros padres son más fuertes, no les tienen ningún miedo. Así que los niños pueden dormir tranquilos.

Pero, como digo, en la oscuridad de la noche pasan cosas muy divertidas. Todo el mundo sabe que entonces los juguetes hablan entre ellos en un lenguaje que los humanos no podemos entender.

—¡Ay, cómo me duele la cabeza! —dice un muñeco—. Mi dueño me la ha arrancado y no puedo pensar.

—Y yo —dice un pato de madera— ya no puedo corretear porque me faltan dos ruedas.

—Pues a mí —dice una muñeca muy bonita— mi dueña me ha dejado tirada en el suelo y tengo mucho frío.

Hablan también los muebles y por eso de noche se oyen crujidos muy raros. La madera y el mimbre están vivos y se encogen cuando tienen frío, y se ensanchan cuando tienen calor, como nosotros. Y hacen ¡crec, crec! por la noche. Es su manera de decirle a los demás muebles «me estoy encogiendo de frío» o «me estoy derritiendo de tanto calor».

También los libros hablan de sus cosas, porque el papel está vivo y tiene escritas cosas vivas. Y a veces alguno cruje un poco como diciendo: «Yo digo cosas muy importantes», y otro libro le contesta: «Más importante soy yo, porque así lo dice la gente sabia.» Y otro añade: «Pero yo soy más divertido.» Y otro: «Pues yo tengo unas láminas de colores tan bonitas que todo el mundo me prefiere.»

Todo eso es lo que pasa por la noche, en las sombras de las casas de los niños buenos. Si escuchasen bien, lo entenderían todo. Y luego se dormirían tranquilos.

cric
cric
crac
crac
crec
crec

Miércoles

El reino animal

Había una vez una niña que tenía una amiguita. Esa amiguita vivía en el Parque Zoológico porque su padre era veterinario y cuidaba de los animales. ¡Qué bien, vivir en el zoo y poder verlo todos los días sin pagar! Eso pensaba la niña del cuento.

Los lunes por la mañana el zoo cerraba para poder hacer limpieza, igual que en las casas, y un lunes la niña fue a visitar a su amiga porque la había invitado a almorzar. Le dijo al guarda quién era y en seguida le abrió la puerta. El zoo, sin niños y sin padres, estaba muy tranquilo. Y la niña comenzó a andar por un caminito hasta la vivienda de su amiga.

Entonces, vio algo horrible, espantoso. Un par de avestruces

corrían hacia ella a gran velocidad, levantando nubecillas de polvo. Detrás venía una jirafa, y el gran oso blanco la esperaba al final del camino. ¿Qué estaba pasando allí? ¿Es que se habían escapado de la jaula todos los animales del zoo? ¿Dónde estaban los guardianes?

La niña dio media vuelta y salió corriendo hacia la salida. El corazón le latía como si fuera a estallarle. El pánico le había puesto la carita blanca como el papel.

Se quedó sin ver a su amiga y sin almorzar, claro. No sabía si había tenido un sueño o era verdad que todos los animales del zoo se habían escapado sin que nadie se diera cuenta. El caso es que desde entonces la niña le tuvo un miedo tremendo a los animales. A los perros, a los gatos. A todos. Se negó a tener un perro en casa, pero sus padres no supieron por qué. Creía que si contaba su aventura en el zoo nadie la creería. ¡Cómo iba a estar suelto el enorme oso blanco! ¡Y todos los demás animales! Ni siquiera sabían que había ido a ver a su amiguita al parque. Nunca quiso volver al zoo.

La niña pasó mucho tiempo huyendo de los animales. Hasta una araña que solía hacer su nido en un rincón del techo de su habitación la inquietaba. ¡Mira que si se le caía encima mientras

dormía! Obligó a su padre a subirse a una escalera y llevársela para poder dormir tranquila.

Pasado un tiempo sucedió una pequeña catástrofe en casa de la niña. Regresó un tío suyo del extranjero y se quedó a vivir con ellos. ¿Y qué trajo consigo? Nada menos que un oso coatí en una jaula. Era peludo y redondito como un muñeco de peluche y no mucho más grande, pero era una verdadera fierecilla salvaje. Olía fuerte y tenía mucha fuerza. Su tío llevaba los brazos y las manos llenas de arañazos y mordiscos, pero a él no parecía importarle.

Pero es imposible no enamorarse de un coatí. Sacan los bracitos por entre los barrotes de la jaula y te agarran de la manga, igual que hace un niño con las personas mayores. Cogen la comida con las manos, se la comen y luego te lo agradecen de esa manera. Pero si los dejas sueltos, son capaces de lanzarse sobre una persona que viene de visita y hacer que salga corriendo a la calle del susto.

El tío de la niña procuraba que no saliera de la jaula, pero el muy bribón, como decía el tío, había aprendido a correr el cerrojo y alguna vez aparecía suelto por la casa como los animales del zoo de aquel lejano día. La niña gritaba, se encerraba en su habitación y se armaba un gran alboroto.

El tío se reía y le contaba grandes cosas de sus viajes por el mundo. Sentía una gran simpatía por los animales. Había conocido a un montón de ellos y los trataba como si fueran sus primos. Le contó que había tenido un mono que lo ayudaba en las faenas domésticas y que iba a la compra. Pero que cuando se enfadaba era temible. Así que había que procurar no enfadarlo. Luego la llevaba a la jaula del coatí para ver si sacaba el bracito y le tiraba del jersey amistosamente.

Sí, era difícil no enamorarse de aquel personaje. Pronto la niña le hacía tantas monerías que el coatí la arañaba sin querer, pero ella ya se había acostumbrado. Si se volvía muy bruto la niña se ponía guantes para jugar con él. Aún la asustaba verlo saltar por la casa, pero cuando estaba en su jaula eran grandes amigos.

Su tío le explicaba que cuando se conoce a los animales de cerca las cosas cambian, igual que cuando se conoce a las personas. Algunos animales son peligrosos, decía su tío, y hay que tener cuidado. Pero otros, aunque den miedo, en realidad son la mar de amistosos. Todo consiste en conocerlos. Él lo llamaba «el reino animal» con respeto y simpatía.

Cuando el coatí creció demasiado para estar en una casa, su amo lo regaló al zoo.

Y la niña tiene que ir allí si quiere ver a su amigo.

Un mundo nuevo

El Mago de los Cuentos conocía a una chica que no quería ir a la escuela por nada del mundo. Estaba acostumbrada a su dormitorio y sus juguetes, y a la compañía de sus padres, y no quería salir de allí. En la escuela no había padres, ni juguetes, había profesoras desconocidas y niños que se burlaban todo el tiempo de los nuevos. Había que saberse la lección y, si no la sabías, te castigaban.

Aquella niña no sabía por qué sus padres, que eran tan buenos y la querían tanto, podían mandarla a un sitio así. ¿Es que ya no la querían? ¿Querían librarse de ella? Si la obligaban a ir a la escuela, se moriría.

Sus padres querían convencerla de que la escuela es un lugar estupendo, donde los niños aprenden cosas útiles y están con otros niños. Pero, cuanto más insistían, más creía la niña que la estaban engañando.

Así que, la víspera de su primer día de escuela, la niña cogió un paquete de galletas rellenas de chocolate y se marchó de casa. Se subió a un autobús cualquiera hasta el final de trayecto, que estaba casi en las afueras de la ciudad. Se bajó muy decidida. Se iría lejos, ya que sus padres le habían demostrado que no la querían. Miró hacia el campo y la carretera y no se atrevió a seguir. Entró entonces en el mercado y le preguntó a una carnicera si necesitaba a alguien que la ayudara, pero la carnicera le dijo que no. Hizo lo mismo con una pescatera, y con una frutera, pero nadie le daba trabajo. Se dirigió entonces a una gitana que vendía flores a la puerta del mercado, y la ayudó a atar ramos y a venderlos.

La gitana tenía una carreta tirada por una mula que conducía su marido y se llevó a la niña con ella. Se fue con la pareja a su barraca, vivió feliz entre un montón de niños, y cada día acompañaba a la gitana a vender flores al mercado. Le gustaba mucho ser florista.

—¡Levántate! —la despertó la voz de su madre—. Hoy es tu primer día de escuela.

—¡Pero yo no puedo ir a la escuela! ¡Tengo que ir a vender flores al mercado!

—¿Flores al mercado? —se extrañó su madre—. Tú estás soñando. Mira, aquí tienes tu mochila, tu plumier, tus libros nuevos. El primer día de escuela es muy importante. Así que hoy vamos a acompañarte tu padre y yo, ¿de acuerdo?

—¡No quiero ir! —gimió la niña.

—Tampoco yo quería ir. Ni tu padre. Al principio nadie quiere ir. Pero, mira…

La niña se tomó su desayuno, siempre lloriqueando.

—…Vamos a hacer una cosa. Hoy irás a la escuela y, si mañana sigues pensando lo mismo que hoy, te prometo que no volverás a ir. Al menos, de momento.

Así pisó aquella niña la escuela por primera vez.

Ese día viajó a un mundo desconocido poblado por niños de todos los tamaños y colores, ya que en aquel colegio había niños de todas las edades y razas. Negros, árabes, morenos, rubios y hasta pelirrojos.

Y había profesoras que sabían muchísimo.

Y un patio de juegos en el que se podía jugar y gritar.

Y había un comedor con macarrones que otros niños le enseñaron a esconderse en el bolsillo de la bata. ¡Vaya lo que se rió la niña con el bolsillo lleno de macarrones!

En clase vio un gran mapa desplegable con países que nunca había visto, rodeados de océanos azules.

Después tuvo que hacer palotes. Luego escribiría letras y más tarde palabras enteras.

Le costaba mucho, pero pensó que si aprendía a leer y escribir podría leer ella misma los cuentos que le compraban. ¡Y hasta sería capaz de leer el periódico de sus padres!

Compartió pupitre con un niño aún más torpe y asustado que ella, aprendió una canción nueva…

—De modo —dijo el Mago de los Cuentos— que al volver a casa la niña estuvo muy contenta de encontrar a sus padres, sus juguetes y su cuarto. Pero al cabo de unas horas su casa le pareció tan pequeña y tan aburrida que prefirió ir a la escuela al día siguiente. Y todos los demás días.

Viernes

La armonía del Universo

Había un niño que estaba asustado por la velocidad a la que gira la Tierra. «Mamá, papá, ¿sabéis a cuánto vamos? A ciento ocho mil kilómetros por hora. Nos lo han dicho en la escuela. La Tierra gira y corre en el espacio a una velocidad de locos, en medio de la oscuridad y del tráfico de cuerpos celestes que circulan por el cosmos. Y todo el mundo tan tranquilo.»

Por la noche no lograba dormirse porque se agarraba a la cama. Tenía miedo de oír un crujido tremendo, al tiempo que la casa se desplomaba. Tuvieron que comprarle un casco de motorista porque llevarlo puesto lo calmaba un poco.

Decía también que hay trozos desprendidos de la Luna que viajan a gran velocidad hacia nosotros. Que podríamos chocar y sería una catástrofe. Por la noche espiaba el cielo con los prismáticos de sus padres. Observaba el firmamento y sus estrellas en espera de captar algún movimiento extraño. Un día que estaba en su puesto de observación entró gritando en casa.

—¡Ya ha sucedido! ¡Las estrellas se están cayendo!

Sus padres salieron a la terraza y, en efecto, vieron cómo las estrellas caían en cascada como fuegos artificiales. Vivían en el último piso de un edificio de doce plantas, en un barrio muy despejado. Así que podían ver muy bien el cielo. Otros vecinos habían salido a la terraza armados también de prismáticos a contemplar el fenómeno.

—Es la noche de San Lorenzo —dijo un vecino a sus padres.

—Nunca se había visto con tanta claridad —observó su mujer.

El niño no entendía cómo podían ver que se estaban cayendo las estrellas y divertirse como si se tratara de una verbena. Él corrió a su habitación y se metió debajo de la cama, a la espera del fin del mundo.

A sus padres les costó mucho sacarlo de allí. Tuvieron que suplicar, hacerle bromas, prometerle mil cosas y al final sacarlo tirándole de los pies. Su madre le hizo tomar una infusión de tila para calmarle el susto y se sentó junto a él. Le contó que las estrellas y los planetas no van de aquí para allá sin control, como él creía, sino que tienen su propio código de circulación natural.

—Tienen sus señales de tráfico especiales. Y unos guardias muy severos. Ningún planeta se salta el código, puedes estar seguro.

—Pues papá se lo salta a veces —objetó el niño.

—Es que los planetas son más sensatos que las personas. No quieren chocar y desintegrarse. Así que estamos muy seguros.

—Pero ¿cómo es que no notamos la velocidad a la que vamos?

—Es verdad, la Tierra gira en su órbita y además viaja a gran velocidad alrededor del sol, pero no lo notamos. ¿Te acuerdas de cuando fuimos a Disneylandia en avión?

—Sí, y me gustaría volver.

—¿Te acuerdas de lo que dijiste?

—Pues no me acuerdo.

—Dijiste «¡Qué bien, no se mueve, parece que estemos en el salón de casa!». El avión iba a casi mil kilómetros por hora. Pues ahora vamos a ciento ocho mil, como tú dices, y mira qué tranquila es la noche. No se mueve nada.

—Pero ¿por qué? ¿Cómo es posible?

Su madre lo pensó un poco. Contempló la noche estrellada, hizo levantar a su hijo y los dos miraron por la ventana. Las estrellas habían dejado de caer como lágrimas o como fuegos artificiales en la noche de San Lorenzo. Ahora todo estaba en calma. Daba paz. Y ganas de dormir y soñar.

—Es la armonía del Universo —dijo la madre.

Pero el niño no la oyó porque ya estaba yendo hacia su cama para conciliar un magnífico sueño.

Sábado

Los enanitos ladrones

Martina había visto una película en que unos hombrecitos minúsculos, del tamaño de los «madelman» de plástico de su hermano, se dedicaban a meterse por las ventanas de las casas y a robar en todos los joyeros de las señoras ricas. Un hombre malo, grande y normal los había creado y amaestrado para robar sin dejar rastro. Y como eran tan pequeños la policía nunca los encontraba.

A la pequeña Martina la impresionó tanto aquella película que creía que en cualquier momento podían entrar hombrecitos en su casa por la ventana. Como vivía en un piso bajo, pensaba que eso era muy fácil. Podían entrar por la ventana del comedor, de la cocina, de su cuarto y hasta por la pequeña ventana del baño. No se lo dijo a su hermano porque sabía que se burlaría de ella. Él había puesto la película en el vídeo y la había asustado aposta.

—Un montón de minihombres como ésos entrarán por la ventana de tu habitación mientras duermes y se llevarán tus cosas —le decía, haciendo gestos raros.

Ella hacía como que no le importaba, pero se pasó todo el verano con la ventana de su dormitorio cerrada. Sus padres no hacían más que abrir la ventana porque hacía calor y ella la cerraba en cuanto se iban. Bien cerrada. Por la noche observaba fuera, hacia el pequeño y oscuro jardín que rodeaba la finca, a ver si se movía algo. A veces se trataba de gatos o ratas, pero Martina creía ver a aquellos terroríficos personajillos dispuestos a trepar hasta su habitación. De noche iba al baño, se subía al taburete y ajustaba bien la ventana de ventilación.

Una noche la pescó su padre allí subida cerrando la ventana.

—¿Qué haces aquí a estas horas? —le preguntó, enfadado.

Martina no pudo más y se echó a llorar.

—¡Esos hombres! —gimió. Y empezó a temblar.

Su padre se la llevó a la cama, la acostó, la acarició.

—¿A qué hombres te refieres? —le preguntó.

—¡A los minihombres que entran por las ventanas y lo roban todo! —contestó ella.

—¿Minihombres? —se sorprendió su padre—. ¡Pues si son tan pequeños los cogeré como Gulliver a los liliputienses y los lanzaré por el aire!

El padre de Martina era muy divertido y ella se echó a reír.

En cuanto Martina se tranquilizó un poco su padre se fue al salón y puso una película. Entonces vio a los hombrecitos a los que se refería Martina. En efecto, eran minúsculos, no medían más de un palmo. Pero eran de carne y hueso, llevaban trajes como todo los hombres y zapatitos a medida, se colaban por cualquier rendija de una ventana y robaban.

—¡Qué película tan interesante! —exclamó al final la madre de Martina.

—¿No te da miedo? —le preguntó el padre muy serio, fingiendo que temblaba.

—¿Miedo de una película? —se rió ella—. ¡Ah, bah, qué tontería!

—Imagínate a esos pequeños y malvados malhechores entrando… —dijo él, haciendo gestos raros como el hermano de Martina.

—Éste es un barrio muy tranquilo —dijo ella—. Y además no tenemos joyas. Nunca entrarían aquí. Y no hables tan alto, vas a despertar a Martina.

Pero Martina estaba despierta y escuchaba muy emocionada detrás de la puerta.

—¡Pues a mí me ha entrado un poco de miedo! —aseguró el padre.

—¿No lo dirás en serio, eh? ¡Nadie puede fabricar personas en miniatura! ¡Si nuestra Martina te oyera se iba a reír de ti!

—Es verdad. Qué tonto soy. Me daría vergüenza que mi hija se riera de mí. Pero, oye, ¿cómo crees que habrán hecho para que se vean hombres en miniatura?

—No sé. Creo que construyen casas y calles gigantes para que los actores parezcan enanos. En el cine todo son trucos.

—Claro, eso es —dijo él.

«Ventanas y calles gigantes —pensó Martina—. Qué idea tan estupenda. Nunca se me habría ocurrido. Mañana se lo contaré a mi hermano. Seguro que él no sabe que en el cine hacen esos trucos.»

Antes de acostarse miró por la ventana. No se movía nada. Es verdad que el barrio era muy tranquilo, como había dicho su madre. Se acostó y se durmió murmurando: «Ventanas y calles gigantes, qué idea tan estupenda...»

Domingo

Un hombre gruñón

Había un niño que le tenía mucho miedo al conserje de su escuela porque le parecía un hombre gruñón. En cuanto sus padres lo dejaban allí, ese hombre lo agarraba de la mano y lo arrastraba de mala manera hasta la clase. También les vendía caramelos a los niños, pero les decía que si contaban que él vendía cosas a los niños se arrepentirían.

—Si alguno de vosotros cuenta que vendo golosinas —gruñía aquel hombre grueso y peludo—, ¡vais a saber lo que es bueno!

Si algún niño tiraba un papel al suelo, el conserje lo amenazaba con hablar con el director sobre su mala conducta. Y si estaba fuera de clase, lo agarraba por el cuello de la bata y lo llevaba hasta allí. Así que nuestro niño soñaba con ese hombre muchas veces y estaba asustado.

Se lo contó a sus padres, pero no le dieron importancia.

Así que el Mago de los Cuentos lo invitó a visitar al conserje en su casa, a ver quién era y qué hacía.

El domingo cogieron un autobús, bajaron al final de trayecto y fueron andando tanto rato que el niño empezó a estar muy cansado, pero el Mago de los Cuentos lo cogió en brazos y siguieron andando. Querían saber quién era aquel tipo tan extraño.

Al final llegaron a una casita baja, con un poquito de huerto delante. También había jaulas con conejos y pajareras con pajaritos de colores. El conserje, que parecía distinto sin su uniforme, se puso a darles de comer a los animales. Luego fue al huerto y recogió unas lechugas y un poco de verdura para la cena. Cenaba solo y se acostaba solo, pues no tenía ni mujer ni hijos.

A mediodía apareció una anciana en su casa y se sentó a comer con el conserje en el huerto, debajo del emparrado.

—¡A ver si te casas y tienes hijos! —le decía la anciana.

—Ya tengo a los de la escuela.

—Pero esos no son tus hijos —respondía la anciana, meneando la cabeza.

—Bueno, es como si lo fueran. Los quiero mucho —contestaba el conserje.

Como era bruto, grueso y muy peludo nadie quería casarse con él, pero a él no le importaba. En la escuela tenía más niños que nadie. Los conocía a todos. Y pensaba que su obligación era ayudar a educarlos. Es verdad que los reñía para que aprendiesen. Y les vendía golosinas porque a los niños les gustan tanto que no quería privarlos de ellas, aunque estaba prohibido y, si el director del colegio llegaba a enterarse, lo echaría. Pero por aquellos niños era capaz de hacer cualquier cosa.

Todo esto se lo contaba el conserje a su madre aquel domingo por la mañana.

—¡Bueno, allá tú con tus ideas, siempre me dices lo mismo!

Creo que deberías tener tu propia familia. Aquí vivirían muy bien —suspiró la mujer.

—Adiós, madre. No se preocupe por mí.

El conserje pasó el domingo cavando en su pequeño huerto, limpiando la casa y preparándose la cena.

El lunes aquel hombre gordo y peludo anduvo mucho rato hasta la parada del autobús, llegó por fin a la escuela. Miró la caja de golosinas, vio que estaba casi vacía y sacó del bolsillo un paquete que había comprado en una tiendecita cerca de su casa. Luego afiló algunos lápices para préstarselos a los niños que no tenían. Miró si le quedaban también gomas de borrar para ellos. Luego fue a un cuartito donde se cambiaba de ropa. Allí guardaba su uniforme y todas las cosas que los niños iban perdiendo: un cuaderno, un gorro de lana, un plumier, algún juego de plástico. Siempre sabía de quién era cada cosa. Pero cuando se la devolvía a los niños ponía sin querer una cara horrible frunciendo sus cejas enormes y peludas y les decía, gruñendo, que eran unos descuidados. Daba miedo, pero el conserje no se daba cuenta.

Así que se puso el uniforme silbando como un muchacho. Luego se fue a su mostrador y esperó a que sonase el timbre de entrada y a que aparecieran todos aquellos niños a los que él llamaba «mis hijos».

El castillo del duque Barbazul

Había una vez una joven muy guapa pero que tenía el defecto de ser muy desobediente. Ella y su madre vivían en un lugar con grandes bosques plagados de lobos, que en invierno se acercaban a los pueblos en busca de comida. Por ese motivo, la joven tenía prohibido meterse en el bosque. Pero casi nunca hacía caso. Como jamás le había pasado nada creía que su madre exageraba. Y así hacía con todo.

Hasta que su madre, harta de su desobediencia, la hizo casar con el duque Barbazul para quitársela de encima.

Barbazul era riquísimo pero nadie quería casarse con él. En el pueblo decían que antes había estado casado siete veces pero que todas sus mujeres se habían escapado del castillo. El duque era gigantesco y tenía la costumbre de dar grandes voces. Pero lo peor es que tenía una gran barba azul que le daba un aspecto terrible. Así que estaba muy solo y en cuanto conoció a nuestra joven se casó en seguida con ella.

Al cabo de un mes, Barbazul le dijo a su mujer que tenía que hacer un largo viaje por un asunto importante y que estaría fuera por lo menos seis semanas. Le recomendó que se divirtiese en su ausencia, que podía invitar a sus amigas y disponer de todo cuanto tenía.

—Aquí tienes —le dijo— las llaves de todas las habitaciones del castillo. Ésta es la del armario donde guardo la vajilla de oro y plata que sólo se emplea en las grandes fiestas, éstas son las llaves de mis cofres, donde tengo todo mi oro, y donde están mis joyas. Puedes ponértelas.

—Bien, esposo mío —dijo la joven, cogiendo el gran manojo de llaves.

Entonces Barbazul abrió un cofrecillo forrado de terciopelo rojo y sacó una pequeña llave.

—Y esta llavecita que ves, abre una habitación que está al fondo del pasillo del sótano. Puedes abrirlo todo y andar por donde quieras en mi ausencia, todo es tuyo, querida mía, pero te prohíbo entrar en la habitación del sótano, la de la llavecita. Recuérdalo. Si la abrieses mi enfado sería terrible.

Ella le prometió obedecer todo cuanto le acababa de ordenar. Barbazul, después de besar a su mujer, subió a su carroza y partió de viaje.

Las amigas de la joven esposa de Barbazul no tardaron en aparecer por el castillo de tan impacientes como estaban por ver las

riquezas de aquella casa. En seguida se pusieron a recorrer las habitaciones y los salones y lo encontraron todo muy rico y fastuoso. No paraban de maravillarse con lo que veían y envidiaban la suerte de su amiga. Luego los criados les sirvieron una merienda abundante y exquisita.

Pero en cuanto las visitantes se marcharon, la joven duquesa sintió una gran curiosidad por ver la única habitación que Barbazul le había prohibido visitar. ¿Qué habría allí?

Bajó la escalera del sótano alumbrándose con una vela y se detuvo ante la puerta de la habitación prohibida. Entonces recordó las palabras de Barbazul y tuvo miedo. ¿Qué desgracias podían ocurrirle si abría la puerta? Bah, tonterías. Pensó que Barbazul estaba muy lejos y que no tenía por qué enterarse de su visita.

Sacó la llave de la bolsa que llevaba atada a la cintura y, temblando de emoción, abrió la puerta de la habitación.

Primero no vio nada porque las ventanas estaban cerradas y la luz de la vela era muy débil. Pero al cabo de un momento pudo ir distinguiendo unos rostros de mujer blancos como la cera y unos

cuerpos envueltos en ricas sedas de diferentes colores. Eran siete, todas muy bellas y jóvenes. ¡Eran las esposas desaparecidas de Barbazul! Ella las miraba aterrorizada creyendo que estaban muertas, pero pronto se dio cuenta de que respiraban muy ligeramente y comprendió que estaban encantadas.

En ese momento, oyó voces en lo alto y reconoció la fuerte voz de su marido que la llamaba. Asustada y con el corazón palpitante, pensó que tal vez podría llegar arriba sin que su marido se diera cuenta de nada. Cerró la puerta de la habitación prohibida, subió la escalera sin hacer ruido, y allí, en el rellano, estaba el terrible Barbazul esperándola.

—¿Cómo es que has vuelto antes de lo previsto, esposo mío? —le preguntó ella con voz temblorosa.

—Mis asuntos se han solucionado y tenía muchas ganas de reunirme contigo. Pero ¿de dónde vienes? ¿Qué hacías en el sótano?

—Oí ruido abajo —respondió ella, cada vez más asustada.

—¡Dame la llave que te di a guardar! —bramó el duque.

Pero ella, a causa del susto, se la había dejado puesta en la cerradura.

—¡No la llevo encima! ¡La guardé muy bien!

Pero Barbazul bajó al sótano, encontró la llave en la cerradura de la puerta y, dentro, pisadas de su mujer en el polvo.

—¡Bien! —exclamó el duque—. ¡Después de lo que has visto, no tengo más remedio que hacer lo mismo contigo!

La joven lloró y suplicó pero Barbazul no se calmaba. Al contrario, estaba cada vez más furioso. Pensó en huir del castillo pero Barbazul había cogido las llaves y lo había cerrado todo. Entonces, la joven se imaginó a Barbazul como un gran lobo y su castillo como un bosque, y se acordó de los consejos de su madre.

—¡No le contaré a nadie lo que he visto, esposo! —suplicó la pobre muchacha.

—¡No! —gritó Barbazul.

—¡Déjame vivir! ¡Soy muy joven!

—¡No!

—Sólo te pido un favor. Tomemos la última cena juntos. Quiero preguntarte una cosa y después haz lo que quieras.

Barbazul sintió curiosidad.

—¿Qué quieres preguntarme?

—Lo sabrás cuando nos sentemos a la mesa. No me niegues ese último favor.

Barbazul aceptó. Llamó a los criados y les sirvieron la cena en la vajilla de oro y plata para celebrar la vuelta del amo. Cuando estuvo todo servido, Barbazul despidió a sus criados.

—Y bien, habla, ¿qué querías saber?

—Quiero saber por qué tienes la barba azul, querido esposo.

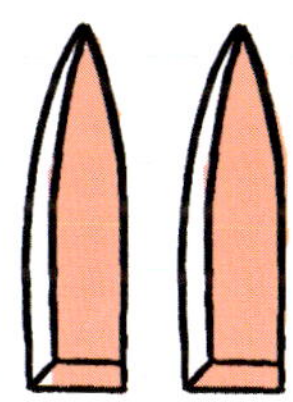

Barbazul se puso triste al escuchar la pregunta.

—Te lo diré. Yo amaba mucho a mi primera mujer. Como viajo mucho y tengo muchos tesoros necesito vivir con una mujer capaz de

vigilarlo todo y obedecer mis órdenes. Para probarla, le hice la misma prohibición que a ti, pero ella entró en la habitación del sótano, donde no había nada. Vi que no podía confiar en ella y la encanté con un elixir. Su desobediencia me entristeció mucho y mi barba negra se volvió canosa. Me casé seis veces más y todas mis mujeres hicieron lo mismo que la primera. Mi barba se fue volviendo blanca del todo y, finalmente, azul.

La joven compadeció a Barbazul y comprendió el daño que le había hecho. Nunca había visto a un hombre tan triste.

—Si hubieras obedecido la única orden que te di, ahora serías la dueña del castillo. Tendrías grandes riquezas y yo te querría mucho. ¡Pero me has desobedecido! ¡Y has visto lo que no debías ver!

La joven comprendió lo que había perdido por ir a mirar en la habitación prohibida. Pero no quería acabar como las otras mujeres de Barbazul.

Mientras el duque iba contando su historia iba bebiendo copa tras copa de vino, hasta que se quedó dormido.

Ella aprovechó ese momento para cogerle a Barbazul las llaves y buscar el elixir que encanta y el elixir que duerme, que sin duda guardaba su marido en alguna parte. Empezó a recorrer toda las habitaciones del castillo, abriendo uno detrás de otro todos los armarios,

hasta que por fin encontró dos frascos, uno con un líquido rojo, en el que había escrita la palabra «Encantamiento» y otro de color verde en el que ponía «Desencantamiento». La joven cogió el frasco que desencantaba, corrió a la habitación del sótano y les hizo beber un sorbito del elixir verde a las mujeres dormidas. Luego subió corriendo las escaleras y volvió al comedor donde estaba Barbazul, que seguía medio dormido, y le sirvió más vino.

—Bebe, esposo mío, como bebo yo, porque luego tenemos que despedirnos para siempre.

Barbazul cogió la copa y murmuró:

—Ahora ya sabes mi secreto. Acabemos. Cuando me beba esta última copa me desharé también de ti...

Y al decir eso, Barbazul bebió la gran copa de vino que su mujer le ofrecía y cayó dormido por completo, con la larga barba azul enroscada en una mano y la copa de oro en la otra.

La joven aprovechó el momento para abandonar al desgraciado duque y huir a través de los bosques con las otras siete mujeres desencantandas, hasta llegar a casa de su buena madre, a la que nunca más volvió a desobedecer.

Un gran aventurero

A Xavier le gustaban mucho los libros de aventuras y soñaba con ser un gran aventurero. Ir al colegio y obedecer a sus padres era muy aburrido. Siempre hacía cosas peligrosas como subirse al tejado de su casa de campo o juntar petardos para hacer una gran explosión.

Una vez, por Reyes, pidió un globo terráqueo y se pasaba las horas haciéndolo girar y observando los continentes y los mares que recorrería algún día no muy lejano.

Su hermano pequeño también hubiera querido acompañarlo, pero le daba miedo alejarse de casa. Sobre todo le daba miedo encontrar caimanes como los que había visto en un documental. Xavier se reía de él por miedica. No pensaba llevárselo. En su equipo sólo habría capitanes de barco, piratas, cazadores y exploradores.

Un día, antes de que amaneciera, Xavier se fue de casa.

Llevaba una brújula, un impermeable y algo de comida. Y su hucha repleta de monedas.

Cuando sus padres descubrieron su falta se asustaron mucho. Lo buscaron por todas partes, pero no lo encontraron. Hasta que el hijo pequeño les contó que Xavier se había marchado muy lejos en busca de aventuras.

—¿En busca de aventuras? ¡¡¡Dios mío!!! Pero ¿adónde?

—Tiene el camino señalado en la bola del mundo —contestó el niño.

Y era verdad. Xavier había trazado una línea desde España hasta los confines de China.

Los pobres padres de Xavier aún se asustaron más. ¡Mira que irse hasta China! ¿Cómo iban a encontrarlo?

Xavier se embarcó como cocinero en un barco que iba a Turquía. Luego siguió su camino en mulo hasta Irán. Recorrió en carreta el camino hasta Pakistán y la India. En la India estuvo mucho tiempo porque le gustó. Su hucha era mágica y el dinero nunca se acababa. Pero no tenía bastante y Xavier se convirtió en mercader. Por fin llegó a los mares de China y conoció a verdaderos piratas, que

pronto lo nombraron jefe. Atacaban a los veleros cargados de mercancías que pasaban por allí.

Xavier se hizo muy rico, pero los celos y la avaricia de sus compañeros lo obligaron a huir un día rumbo al Japón. Sólo le quedaba el pequeño dinero de su hucha mágica. Se construyó una cabaña en una pequeña isla y vivió de la pesca.

Los padres de Xavier habían perdido toda esperanza de encontrarlo y estaban desesperados. Pero cada día se reunían alrededor de la esfera del mundo, observaban la línea trazada por Xavier, suspirando. Un día la madre dijo:

—La línea se acaba en China. Si ya ha llegado allí, ¿quién sabe si no decidirá volver a casa?

—¡Ojalá sea así! —exclamaban todos, muy preocupados.

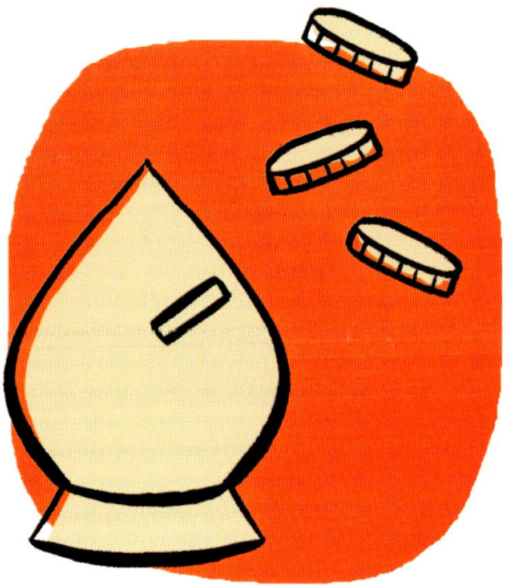

El hermano pequeño envidiaba a Xavier. Pensaba que era muy valiente y que seguro que estaba viviendo grandes aventuras, pero temblaba de pensar que tal vez un caimán se lo había comido. También en el colegio estaban impresionados. Y los vecinos decían:

¡Se fue a recorrer el mundo!

—¡Qué atrevido!

—¡Pobres padres!

—¡Tal vez vuelva rico!

—¡O a lo mejor no vuelve!

Cansado de tantos viajes y aventuras, Xavier decidió volver a su casa. Se embarcó otra vez pero tuvo la desgracia de encontrar una tempestad tan terrible que el barco en el que viajaba naufragó. Cuando estaba a punto de ahogarse pensó en su familia, a la que ya nunca volvería a ver por causa de su afición al peligro.

En ese momento, Xavier se despertó sobresaltado en el sofá de casa. Su madre leía un periódico y su padre y su hermano estaban viendo la televisión.

—¡Vaya siesta! —le dijo su madre—. ¿Quieres merendar? Hay pastel.

—Okey —respondió Xavier, todavía impresionado por el fin de su aventura.

Y pensó en lo mal que debe de estarse en el fondo del mar haciendo compañía a los peces.

Las semillas de la vida

Manuel se sentía muy triste porque su abuelo estaba muy enfermo y había oído decir al médico que le quedaban pocas semanas de vida. Sus padres estaban más silenciosos que de costumbre, andaban por la casa sin hacer ruido con sus zapatillas, y hasta habían parado el reloj de péndulo del comedor para que su ruidoso tic-tac no llegara hasta la habitación del abuelo Sebastián y lo molestase. Porque el abuelo estaba casi todo el tiempo durmiendo la siesta, tenía los ojos cerrados y respiraba muy suavemente. Pero el abuelo mandó decir a Manuel que pusieran en marcha otra vez el reloj porque su tic-tac lo alegraba. Y además ese reloj enorme y ruidoso lo había comprado él cuando se casó con la abuela. Y la abuela ya se había muerto hacía un tiempo y a él le gustaba escuchar su tic-tac, y luego sus tremendas campanadas cada vez que daba la hora, porque a ella también le

gustaban. Pero Manuel era tan pequeño cuando murió su abuela que no se acordaba de nada.

Cuando Manuel volvía de la escuela le hacía un rato de compañía a su abuelo Sebastián. Desde que él era muy pequeño, el abuelo Sebastián se había sentado también muchas veces a su lado y le había contado infinidad de cuentos que había aprendido allá en su pueblo.

Él decía que en los pueblos saben más cuentos que en la ciudad, muchos más. Y que no sólo se los cuentan a los niños antes de ir a dormir. Todos, los viejos, los niños y los hombres que trabajan en el campo, se reúnen junto al fuego del hogar en invierno y entonces el más viejo les cuenta cuentos.

—Esos cuentos no están escritos ni tienen dibujos, como los tuyos. Los saben los abuelos de memoria por haberlos escuchado cuando eran jóvenes. Los viejos son como libros que hablan.

Y cuando Manuel se hizo un poco mayor, su abuelo también le contaba cosas muy divertidas de la guerra. Él y otros soldados habían robado muchas veces gallinas al enemigo, porque al enemigo se le puede robar para comer, y cuando no había gallinas, cazaban gatos y se hacían la ilusión de que comían conejo. También le contaba cómo se cava una trinchera y lo bonito que es a veces estar de guardia por la noche, bajo las estrellas.

Aunque luego se quedaba un rato en silencio y decía:

—Las guerras son malas, Manuel. La gente se muere antes de tiempo.

Manuel no entendía lo que quería decir con eso.

Ahora el abuelo hablaba bajito y se cansaba pronto, pero un día en que él lloraba porque había venido el médico y había pinchado al abuelo, éste le dijo:

—No llores, Manuel. Ya ves, a mí me queda poco tiempo de vida porque estoy más cansado que una mula, pero no me voy a morir

antes de tiempo como se muere la gente en la guerra. Yo ya he vivido todo el tiempo que me tocaba porque soy muy, muy viejo.

—Pero yo no quiero que te mueras —gimió Manuel.

—Claro —dijo el abuelo—. Pero todos los seres vivos nacen, crecen, se hacen viejos y mueren.

—¿Y eso por qué? —preguntó Manuel.

—Porque si nadie se muriera ¡no cabríamos en la Tierra! —se rió el abuelo—. Imagínate que en esta casa tuvieran que meterse todos tus antepasados, y también los antepasados de sus antepasados. Eso hace cientos de personas. O miles.

—Pero la Tierra es muy grande, podrían vivir todos en ella —dijo Manuel.

—Mira —dijo el abuelo Sebastián—. ¿Tú has visto alguna vez a un campesino echar semillas en un campo?

—No —dijo Manuel—, pero cuando vayamos al campo me fijaré.

—Antes de que hubiera campesinos y cultivos —añadió el abuelo— las plantas del mundo nacían solas, sin que nadie las plantase. Los primeros pobladores de la Tierra se las comían, pero cuando las plantas se acababan los hombres se quedaban sin comida. Con el tiempo, aquellos hombres se dieron cuenta de que si conservaban las semillas que tienen dentro las plantas, y las plantaban, podrían tener plantas nuevas siempre que quisieran.

—¿Me entiendes, hijo? —preguntaba el abuelo para asegurarse de que Manuel lo seguía. Y descansaba un poco—. Para conseguir eso —prosiguió—, se fijaron en que ellos plantaban semillas en el vientre de la mujer y nacían hijos para sustituir a las

personas que se iban muriendo. Yo sembré a tu madre y a otros hijos. Y ellos te han sembrado a ti. Así que ya me puedo morir tranquilo.

Desde entonces, cuando Manuel salía de paseo con sus padres y veía a un recién nacido en su cochecito, exclamaba:

—¡Mirad, esos señores tienen semillas!

Los padres de Manuel se sonreían y él añadía:

—Y yo también soy una semilla.

—¿De dónde has sacado eso? —le preguntaban sus padres.

—Me lo ha dicho el abuelo. Y el abuelo sabe muchas cosas. Es un libro que habla.

Y cuando el abuelo Sebastián murió, Manuel se fijaba en todas las semillas humanas que pasaban por la calle o que encontraba en las tiendas, en el parque, en el colegio; por todas partes Manuel veía semillas de vida y se consolaba de la muerte del abuelo.

La herencia de Marta

Marta tenía una abuela que parecía sacada de un cuento. Llevaba un vestido negro con lunares blancos y un medallón de oro al cuello. Su cabello, muy blanco, se lo peinaba en un moño, sujeto con dos peinetas. Casi nunca salía de su habitación, que también parecía de cuento con su sillón de terciopelo rojo cubierto por un tapete con encajes. Y su cama con almohadas y sábanas muy blancas adornadas también con encajes. Como la casa en que vivía Marta era muy moderna, cuando entraba en la habitación de su abuela era como si entrara en un lugar de fábula. La abuela Berta le contaba muchos cuentos y muchas historias sobre la familia.

Cuando iba a visitarla, la abuela de Marta le daba siempre un tazón de cacao con bizcochos para que los mojara en el chocolate. Siempre lo mismo.

Luego, Marta le pedía que le contara el álbum de fotos de la familia. Y la abuela se lo contaba.

Había viajado mucho con el abuelo y tenía fotos en América, en la India y hasta en China. Ella iba muy elegante, con sombrero, y Marta la admiraba.

Y así se pasaban horas y horas.

Luego jugaban al tesoro. La abuela Berta tenía un tesoro escondido debajo de la cama, en una caja de zapatos. La había forrado con una bonita tela y la ataba con una cinta azul. Marta iba a buscarlo, abrían la caja y la abuela iba sacando los objetos que allí guardaba. Decía la abuela que cada uno de aquellos objetos tenía su

propia historia. Un objeto sin historia, decía, es un objeto cualquiera. Pero aquellos tenían su buena historia.

Y sacaba un sonajero de plata.

—Mira, éste es el sonajero que me regaló mi padrino al nacer. ¿Tú me imaginas en una cuna?

Y la abuela lo agitaba y lo hacía sonar ante Marta, como si ésta fuera todavía un bebé. Tenía el nombre de la abuela grabado en una esquina. Entonces la abuela le sacaba brillo con una gamuza para que Marta viera cómo brillaba y lo metía otra vez en la caja. A continuación venía la cucharilla de plata con que la abuela había tomado sus primeras papillas, y también tenía su nombre grabado en el mango. No era de plástico como las que ella había usado de niña. También la frotaban con la gamuza hasta que brillaba.

El objeto más precioso eran los gemelos de teatro de la abuela. Eran de oro, plata y nácar, una preciosidad. Marta miraba con ellos a través de la ventana y las cosas lejanas se acercaban a saludarla. ¡Qué maravilla!

Los gemelos tenían más historia que ningún otro objeto porque habían estado en la ópera muchas veces, codeándose con otros gemelos elegantes y mirando de cerca los decorados y los trajes de los cantantes. Se los había regalado el abuelo, y a la abuela Berta le recordaban muchas cosas. De cuando era joven y se vestía para ir al teatro. Lo último que metía en el bolsito de malla de plata que también tenía eran los gemelos. Entonces el abuelo y la abuela ya podían salir.

—Bueno —dijo la abuela un día—, pues todo esto te lo voy a dejar en herencia.

—¡¿Oh, una herencia?! —exclamó Marta, asombrada.

—Una herencia, sí señora. Ya sabes que en todos los cuentos la gente recibe herencias. Las herencias son muy importantes.

—Claro, la gente se vuelve de repente muy rica.

—Pero no sólo son importantes por eso. Yo era rica y ahora ya no lo soy. Pero tengo mi tesoro y quiero que tú lo heredes. ¿Sabes por qué las herencias son tan importantes? Pues porque pasan de unas personas a otras, de unos familiares a otros y así no se rompe la cadena.

Pero Marta no entendía lo que su abuela quería decir.

—Claro, Martita. Yo me he acordado toda la vida de mi padrino porque he conservado el sonajero que me regaló.

—¿Como si tu padrino estuviera encerrado en el sonajero?

—¡Ay, qué risa! Pues sí, algo así. Es el sonajero del padrino, no un sonajero cualquiera. Y dentro de los gemelos esos que tanto te gustan está tu abuelo. Y las óperas y toda mi juventud. Fíjate todo lo que cabe en un objeto que tenga historia.

—¿Y todo esto será para mí?

—¡Huy, sí, pero sólo cuando me muera! Como pasa en todas las herencias.

Y Marta se llevó una pequeña desilusión porque, aunque su abuela era vieja, estaba siempre alegre y nunca se quejaba de nada. Luego lo pensó mejor y se dijo: «Pues mejor, que no se muera nunca la abuela Berta, que no se muera nunca.» Porque la quería mucho.

A veces sus padres la veían por la casa repitiendo: «Nunca, nunca, nunca» y se extrañaban, pero era su secreto y no les contaba nada.

Pocos días después de la conversación de las herencias, la abuela Berta murió. No estuvo enferma. Sólo pareció dormirse en su sillón un atardecer.

La caja del tesoro estaba encima de la mesa camilla y, dentro, había un pequeño testamento escrito por su abuela, como los de los cuentos, en que decía: «Todo lo que hay en esta caja es para mi nieta Marta. Ella continuará la cadena.»

Cuando Marta está sola en su habitación, saca su herencia, que cabe en una caja de zapatos, y le pasa revista. Agita el sonajero pensando en cuando ella misma tenga un niño. Saca la cuchara y piensa también en que cuando tenga un hijo le dará de comer papillas con ella. Y se cuelga del brazo el bolsito de malla de plata, mete dentro los gemelos, se pone un pañuelo como si fuera un chal y se mira al espejo. Ya está a punto para ir a la ópera como su abuela. También viajará y conocerá mundo.

Luego coge la gamuza y frota, frota y frota todos aquellos objetos que parecen estar vivos porque tienen tantas historias dentro, hasta que brillan en la oscuridad.

El grupo de la barricada

Daniel es muy amigo de Nuria porque le puede contar todo como a un chico. Van a la misma clase. Ella siempre «arrastra» a su hermano pequeño. Lo lleva con ella al colegio y lo convence para que entre en su clase. Luego se va a su aula y, al pasar cerca de Daniel, le da algún golpecito sin mirarlo ni decirle nada. Eso es ser amigos.

Hace unos días el hermanito de Nuria estaba llorando muy triste. No como cuando le dan pataletas, sino llorando bajito. O sea, que estaba hecho polvo. También Nuria estaba seria y como preocupada. Es que acababan de separarse sus padres. Durante el recreo, Nuria estaba junto a su hermano, consolándolo, sin jugar.

Daniel se acercó a ellos sin saber qué decir. Pero Nuria le agradeció que dejase de jugar para estar con ellos. No se lo dijo, pero Daniel lo sabía. Estaban juntos los tres y nada más.

Al día siguiente Nuria y su hermano faltaron a clase. Y eso era muy raro porque nunca faltaban. Cuando volvieron ya no parecían los de antes. Seguían en un rincón, sin jugar.

—Cuando mis padres se separaron, yo hice una buena —dijo de repente Daniel—. ¿No os lo he contado?

—No —le dijo Nuria.

—Cuando me lo explicaron, yo hice como que no me enteraba. Es que no me cabía en la cabeza. Me fui a la cama y al día siguiente pregunté por qué mi padre no me llevaba al cole. Por la noche puse el cubierto de mi padre en la mesa cuando vi que faltaba. Por la tarde escuchaba el ruido del coche del vecino y le decía a mi madre:

»—¡Ya viene papá!

»Estuve así una temporadita. Mi madre estaba muy mosqueada. Me volvía a explicar que mi padre no estaría ya en casa, yo decía que bueno, y ¡al cabo de un rato volvía a poner su cubierto en la mesa!

»Y, claro, mi padre apareció por casa. Me puse muy contento porque mi padre es muy majo, no como mi madre, que es una pesada.

—Mi madre también, más pesada que un plomo.

Eso los hizo reír a los tres. ¡Las madres son más pesadas que un plomo!

—Así que vino mi padre —continuó Daniel— y cenamos juntos como antes. Se quedaron a hablar de sus cosas. Yo me fui a mi habitación y me puse a hacer una barricada.

—¿Una barricada? —dijo Nuria, asombrada.

—Empecé a poner contra la puerta mi baúl de juguetes, que pesa ochenta kilos, y mi silla, y la mesilla de noche, y hasta la cama…

Nuria y su hermano escuchaban la historia de Daniel con la boca abierta.

—¿Y ellos qué hicieron? —preguntó Nuria.

—Pues cuando se dieron cuenta de que en mi cuarto había traslado de muebles, vinieron, je, je, empujaron la puerta y no pudieron entrar. «¡Abre, abre! ¡Alguna vez tendrás que salir, no hagas el tonto!», gritaban.

—Como cuando los polis le dicen a un secuestrador que se rinda, que está rodeado.

—O le dan una pizza para que pique y abra —dijo el pequeño.

—Luego me hablaron suave, como cuando la policía le dice en las películas al que se va a tirar desde lo alto de un rascacielos que no lo haga. Se pusieron a suplicar.

—¿Y entonces abriste?

—No, qué va. Tenía que resistir.

—¡Claro! —exclamaron Nuria y su hermano.

—Así que una vez me suplicaba mi madre y otra mi padre. Y luego los dos juntos. Hasta que se hizo tan tarde que mi padre tuvo que quedarse a dormir en el sofá del comedor.

—¡Qué bueno! —exclamó Nuria— ¿Y se juntaron otra vez?

—No, qué va. Me tuve que rendir.

Los tres se quedaron un momento en silencio.

—¿Y luego qué pasó? —preguntó la niña.

—Por la mañana tuvimos «negociaciones», como dicen ellos. Dije que quería irme con mi padre y se armó un bochinche.

—¿Qué es «bochinche»? —preguntó el pequeño.

—Que discutimos. Mi padre estuvo viniendo varios días a casa para convencerme de que debía quedarme con mi madre. Yo seguía poniéndole el cubierto, como siempre. Hasta que me cansé. Entonces mi madre se puso a escribir una agenda de visitas de mi padre en el ordenador. Todo el mes apuntado, que si esto, que si lo otro. Pero no es tan malo. Algunas veces nos vamos los tres de viaje, o al gran Aquarium.

—Mis padres no quieren hacer nada juntos. No se pueden ni ver —dijo Nuria.

—Mi padre nos espera abajo, en la calle. Sólo llama al «fonillo» —añadió el pequeño.

—Pero así no los oís pelearse —los consoló Daniel—. Cuando los padres se pelean te estalla la cabeza.

—Podríamos hacer una asociación de niños con los padres separados —dijo Nuria.

—¿Para qué? —preguntó el pequeño.

—No sé. Para contarnos nuestras cosas.

—O para juntarnos y que nuestros padres nos tengan que acompañar. ¡A lo mejor se hacen todos amigos!

Sonó la campana. Se acabó el recreo. Los padres siguieron separados, pero los niños no. Hasta consiguieron que sus padres se juntasen alguna vez en la función de fin de curso, y que luego se fueran los siete a merendar juntos.

Nunca organizaron la asociación de niños. O quizá sí, porque cuando había otro niño «separado», Nuria y su hermano le pedían a Daniel que les contase su historia de la barricada para que se animaran un poco.

Acabaron por formar el «grupo de la barricada» y eso se parece bastante a una asociación.

Ricardo el Cresta y la princesa Tontorrona

Érase una vez una reina que dio a luz a un niño tan feo que al verlo dio un grito de espanto. Un hada, que estaba junto a su cuna, dijo que a pesar de su fealdad sería muy bondadoso y muy inteligente. Y añadió que tendría también el poder de transmitir su inteligencia a la mujer de la que se enamorase.

Esto consoló un poco a la pobre reina. Y aún se consoló más cuando el principito creció y descubrió lo listo y simpático que era. Todo el mundo lo quería.

Además de lo feo que era, el niño había nacido con una cresta de cabellos como la del un gallo en medio de la cabeza, y por eso lo llamaron Ricardo el Cresta.

Pocos años después, la soberana de un reino vecino tuvo una niña. La niña, en cambio, era hermosa como un ángel y su madre estaba loca de alegría. Estaba también presente la misma hada que había asistido al nacimiento del príncipe Ricardo, y para moderar el gozo exagerado de aquella reina le dijo que aquella niña sería tan tonta como bella. Y que no podía hacer nada por cambiarla. Y por eso la llamaron la princesa Tontorrona.

Pasaron los años y en todas partes se hablaba de la hermosura de aquella princesa, que iba aumentando con el tiempo, pero también iba aumentando su bobería. Cuando le preguntaban algo no sabía qué responder o decía algún disparate. Y además era torpe. Cuando se ponía a arreglar los floreros de su habitación siempre rompía alguno, y cuando bebía un vaso de limonada siempre acababa derramándoselo sobre la falda.

Cuando creció, los caballeros jóvenes la rodeaban atraídos por su belleza. Pero en seguida se aburrían de sus tonterías. Así que la bella princesa se quedaba sola y se ponía triste porque no comprendía lo que pasaba. Envidiaba a las muchachas inteligentes y divertidas, siempre rodeadas de amigos.

La reina la reñía constantemente por sus torpezas y sus tonterías y la pobre princesa se sentía muy disgustada.

Un día que había ido al bosque cercano al castillo para llorar a solas, vio venir hacia ella un joven vestido muy lujosamente pero feísimo. Era el príncipe Ricardo el Cresta.

—Princesa —le dijo—, ¿qué te sucede? ¿Por qué lloras? No comprendo cómo siendo tan guapa puedes estar triste.

—¿Yo, guapa?

La tonta aún no se había dado cuenta.

—¡Oh, sí! —prosiguió Ricardo—. He conocido a muchas muchachas guapas, pero nunca había visto ninguna tan hermosa como tú.

—Puede que sea verdad —repuso la princesa con tristeza—. Pues, ya ves, yo preferiría ser tan fea como tú y tener talento, a ser tan hermosa y tan sosa. Nadie se acerca a mí. Por eso estoy triste.

—¡Oh, no te preocupes! Si eso es lo que te hace desgraciada —repuso Ricardo—, yo puedo quitarte esa pena.

—¿Y de qué manera? —preguntó la princesa.

—Muy sencillo. Tengo el poder de conceder inteligencia a la persona de la que me enamore. Y como me acabo de enamorar de ti, te daré tanta inteligencia como quieras. Pero sólo a condición de que te cases conmigo.

La princesa no supo qué responder. Por nada del mundo se hubiera casado con aquel joven tan feo.

—Ya veo que no te gusta mi proposición y no me extraña. Comprendo que tal como soy no puedo gustarte. Sin embargo, te doy un año para que lo pienses bien.

Como la princesa tenía tantas ganas de ser inteligente decidió aceptar el trato. Aún faltaba mucho tiempo para que pasara un año. Cuando llegara el momento no cumpliría su promesa. Como además de bella sería inteligente podría escoger al caballero que más le gustara.

En cuanto le prometió a Ricardo el Cresta que se casaría con él, se sintió distinta.

La corte se quedó asombrada de su imprevisto y extraordinario cambio. En vez de decir tonterías la princesa era capaz de estudiar y contar chistes muy graciosos. Hasta el rey y sus ministros consultaban su opinión sobre los asuntos de Estado.

Un día estaba esta princesa paseando por el bosquecillo donde había encontrado a Ricardo el Cresta.

Mientras paseaba, oyó ruido de personas que andaban de aquí para allá muy atareadas.

—¡Tráeme ese caldero!

—¡Echa leña al fuego!

En un claro del bosque la princesa vio montada una enorme cocina repleta de cocineros que al parecer preparaban un gran festín.

Admirada la princesa de semejante espectáculo, quiso saber para quién eran aquellos preparativos y le respondieron que para la boda del príncipe Ricardo el Cresta, que debía celebrarse al día siguiente. De repente, la princesa se dio cuenta de que había pasado el año que le prometió al príncipe y que aquella boda estaba preparada para ella. Y de la impresión se cayó al suelo desmayada.

Algunas mujeres de la cocina la atendieron y quiso huir cuanto antes de allí. Pero se tropezó con Ricardo, vestido de una manera espléndida como un príncipe que va a casarse, pero tan feo como siempre.

—Ya ves que he cumplido mi palabra y me alegro de que tú también la hayas cumplido —le dijo el príncipe.

—Confieso —respondió la princesa, muy apurada— que aún no he decidido nada, y creo que nunca me decidiré a casarme contigo.

—¡Cómo! —repuso Ricardo—. Querida, estoy asombrado… ¿Y tu promesa? ¿Es que no te gustan mi carácter, mi talento, mis modales?

—Claro que sí —dijo ella—. Creo que eres la persona más amable e inteligente del mundo, pero…

El príncipe comprendió que el motivo del rechazo de la princesa era su fealdad y se entristeció. Miró a la princesa, cada vez más enamorado.

—Si me quisieras de verdad y si lo desearas muy fuertemente tal vez podrías transmitirme algo de tu hermosura, lo mismo que yo he podido transmitirte mi inteligencia. ¡Inténtalo, amada mía!

Entonces la muchacha se dio cuenta de que amaba al príncipe y que ya no podía soportar las tonterías que decían los otros caballeros cuando la cortejaban. ¡Mira que eran bobos! ¡Sólo hablaban de frivolidades! Ricardo era muy superior a todos, pero su fealdad le resultaba insoportable. ¡Si ella pudiera cambiarlo! Así que, aunque no creía que ella pudiera regalarle una parte de su belleza, lo intentó.

—Deseo con todo mi corazón que seas el príncipe más bello de la tierra —dijo la princesa.

Aún no había acabado la joven de pronunciar estas palabras, cuando Ricardo se convirtió en un muchacho muy guapo.

El banquete de boda que se celebró en el claro del bosquecillo fue el más fastuoso y original que se hubo celebrado nunca en aquellas tierras. Era verano y se pusieron mesas bajo los árboles, alfombras sobre la hierba y hermosas colgaduras suspendidas de los árboles alrededor de los invitados. Había músicos, bufones, actores, equilibristas, y hasta loros exóticos y monos para alegrar la fiesta. Y un asador cargado de pavos, faisanes y cochinillos que no dejaba nunca de girar, pues los dos buenos príncipes no sólo invitaron a los señores de la corte, sino también a los campesinos del lugar.

Algunos invitados no veían ningún cambio en la pareja, pues les parecía que ella seguía siendo bastante tontorrona, y él tan feo como siempre. Opinaban que lo que había pasado en realidad es que Ricardo, al amar a la princesa, olvidó su tontería y torpeza y la convirtió en su imaginación en una joven inteligente. Y que la princesa, al gustarle el carácter de Ricardo, había acabado por verlo guapo. El amor nos hace ver a las personas mejor de lo que son.

—Porque aunque pensemos que somos feos, torpes, tontos, tímidos, gordos o flacos, bajitos o patosos, siempre tenemos alguna virtud que hace que las personas nos quieran —dijo un campesino dándole un gran mordisco a un muslo de pavo.

—Pues claro que sí —comentó una lavandera, muy alegre—. A mí me parecen mis hijos los más guapos de la Tierra. ¡No les veo ningún defecto, ¡i, ¡i, ¡i!

—Si alguien te quiere —dijo un hombro gordo y feo— te conviertes inmediatamente en una persona estupenda. ¿Verdad, esposa mía?

—Verdad —contestó su mujer mirándolo como si fuera guapo.

Eso decían algunos.

Otros, en cambio, creían de verdad que al nacer todos tenemos junto a nuestra cuna un hada madrina. Y que esa hada madrina siempre nos concede algún poder mágico. Así que les parecía que los novios se habían transformado realmente, que Ricardo el Cresta estaba embellecido de verdad y que la princesa Tontorrona se había convertido en una persona inteligente, y todo por arte de magia.

De eso hace tanto tiempo que no podemos saber quién tenía razón. Pero sí se sabe que Ricardo y su princesa fueron felices mientras vivieron.

Pablo y los hamsters

Pablo se fue un día con sus padres a la tienda de animales y le compraron una pareja de hamsters color canela, en una espaciosa jaula con una rueda para que los hamsters pudieran subirse a ella y girar. Eran su regalo de cumpleaños.

Pablo se pasaba el día embobado con ellos, observándolos y alimentándolos con lechuga y comida especial para hamsters. Por la noche los tapaba con una tela oscura para que ni la luz ni el ruido de la televisión los molestara y pudieran dormir. Pero Pablo pronto se dio cuenta de que los hamsters viven al revés que las personas. De día duermen y de noche se despiertan y dan vueltas por la jaula muy nerviosos. Se suben mil veces a la rueda y la hacen girar como artistas de circo. Mordisquean un poco de comida y vuelven a girar y girar como si se hubieran vuelto locos.

Entonces Pablo hizo una prueba: los tapó de día y por la noche, antes de acostarse, los destapó y les abrió la jaula. Puso comida en los rincones del comedor, que es donde estaba la jaula, y se fue a

dormir sin decirles nada a sus padres. Habían vuelto de viaje y estaban cansados.

A la mañana siguiente, Pablo descubrió que los hamsters se habían llevado a la jaula toda la comida de los rincones y no supo cómo se la habían podido llevar sin tener manos como las personas. Durante varios días se levantó de la cama para espiarlos y descubrió que se la metían en los buches como si fueran bolsas de la compra y, así cargados, la transportaban a la jaula. Luego la soltaban y se hacían una especie de despensa. Parecía que tuvieran paperas y resultaban muy cómicos de ver. Eran como leones diminutos. «Mañana los dibujaré», pensó el niño. De lo que no se dio cuenta Pablo es de que... también habían confundido con comida la manta y la bolsa de viaje que sus padres habían dejado en una silla, porque las habían roído y les habían hecho varios agujeros. ¿Y ahora, qué? Sus padres se iban a enfadar muchísimo cuando vieran aquel estropicio. Dobló bien la manta de viaje para que no se viera el agujero, la metió en la bolsa y la colocó de manera que no se viera el mordisco. Luego les echó una buena bronca a los hamsters. Además, se habían hecho pipí en los rincones de la habitación y olía muy mal. Por aquella noche, Pablo los metió en la jaula para que no siguieran haciendo fechorías y se fue a la cama.

Al día siguiente los padres de Pablo se dieron cuenta en seguida de lo que habían hecho los animales con su bolsa y su manta de viaje y primero pusieron mala cara, pero luego se echaron a reír. Durante el desayuno, Pablo les explicó que los hamsters duermen de día y corretean y comen de noche.

—Claro —dijo su madre—, es que son ratones de campo y por la noche salen a robar el grano de los graneros.

Así que los dejaron corretear por las noches, quitando todas las cosas que pudieran roer. Se convirtieron en el juguete preferido de Pablo porque como estaban vivos eran mejor que un juguete. Tuvieron dos crías muy pequeñitas y ya eran cuatro. Pablo ya estaba pensando en que se habían convertido en una gran familia y necesitarían una jaula más grande.

Pero un día pasó una cosa terrible. Los padres de Pablo abrieron la puerta para darle la basura al portero, los hamsters se

escaparon al rellano y el portero, que nunca había visto un hamster y creyó que eran ratones corrientes, les dio un escobazo y los mató.

Pablo lloró mucho y también los padres estaban tristes, aunque los hamsters les hubieran roído la manta y la bolsa de viaje. Metieron a la pareja de ratones en una caja de zapatos de Pablo y los tres se fueron a un parque y allí los enterraron.

Pablo se puso muy triste y no quiso saber nada más de hamsters. No quería ver ni uno más en su vida.

—Tenemos a las crías —le decían sus padres.

Pero él contestaba que tampoco vivirían porque un día había recogido un pajarillo caído del nido en invierno y no sobrevivió ni dos días en casa. Entonces su padre le había dicho que los pájaros no pueden vivir fuera del nido de sus padres. Pero la madre de Pablo observó:

—No es lo mismo. Los hamsters han nacido aquí y éste es su nido.

Pablo insistió en que sin padres se morirían. Bien que lo sabía él. No quería volver a llorar.

—Nosotros tres les haremos de padres, les pondremos comida y los cuidaremos. Haremos de padres adoptivos de las dos diminutas crías.

—¿Serán hamsters adoptados como yo? —dijo de repente Pablo.

—Eso mismo —contestaron ellos—. Ni siquiera han llegado a ver a sus padres porque aún tenían los ojillos cerrados, ¿no los viste?

—Yo también tenía los ojos cerrados cuando me adoptasteis, ¿verdad? Y cuando los abrí ya estábamos en esta casa…

Al decir esto, Pablo se echó al cuello de su madre y le dio un trompazo a su padre, que era la señal de amistad entre hombres.

Y la pareja de hamsters no se murió y crecieron aún más gordos que sus padres.

Eso sí, para que crecieran fuertes y alegres había que dejarlos sueltos por la noche y a veces roían algún libro o el pico del mantel, pero eran tan graciosos y peluditos que se lo perdonaban todo.

El tesoro de la urraca

Había una vez una urraca que se pasaba el tiempo buscando, recogiendo y amontonando en su nido todos los objetos brillantes y de colores que encontraba.

—Al final —la criticaban las demás aves— no van a caber ni ella ni sus crías en el nido.

Las «joyas» de la urraca eran trozos de espejo o adornos sin ningún valor que iba encontrando por ahí tirados, pero ella estaba encantada de tener un tesoro semejante. A veces entraba por las ventanas de las casas, se llevaba alguna joya valiosa de verdad y entonces tenía serios problemas, porque llegaba gente hasta su nido, lo registraban y se llevaban la joya, destruyéndole así su casa. Entonces, la urraca tenía que huir lejos y hacerse otro nido en algún lugar donde no la conocieran.

Hasta era capaz de quitarle los huevos y las crías a las demás aves.

—¿Sabes que la urraca del árbol de enfrente le ha quitado a la perdiz comida del nido?

—¡Es intolerable! —exclamaban todas las aves.

—¡Y hasta dicen que es capaz de llevarse los huevos y las crías de las demás!

—¿Es posible? ¡Vaya pajarraca! —gritaban a coro.

—Pues tengamos cuidado con ella. No dejemos que se acerque.

Pero es que la urraca es así. No lo puede evitar. En cuanto ve algo brillante y coloreado en algún sitio, lo atrapa con sus garritas y se lo lleva volando. Nadie sabe por qué lo hace. Ella tampoco lo sabe, pero le encanta acumular toda clase de cosas. Sobre todo las que brillan. Hace que se mira en un trozo de espejo que se le rompió a una niña. Se distrae tanto contemplando un adorno de Navidad que encontró en la basura que no se acuerda de que tiene que ir a buscar comida para sus crías. Y cuando no tiene comida, mira a ver de qué nido puede llevársela. Así que las demás aves se pasan el día criticando a la urraca.

A lo mejor es por eso por lo que ella tiene tanta afición a reunir tesoros. Como las demás aves no quieren saber nada de ella,

entonces la urraca se consuela viajando en busca de aquellas cosas que le parecen tan bonitas. Cada vez que encuentra una se pone muy contenta. Como casi siempre está sola, únicamente se distrae con su tesoro. Por eso lo quiere y lo cuida tanto.

Un viejo profesor que sabía mucho sobre la vida de los pájaros recogió una vez una pequeña urraca herida y se la llevó a su casa. Era negra con reflejos azulados por encima y blanca en el vientre. Tenía una cola de un palmo de larga y un pico fino y largo. Era bonita. La curó y la urraca se acostumbró a dormir en un nido que se construyó en el desván más alto de la casa, junto a la ventana desde la que se veía el campo. Lo hizo de ramitas, lo forró con barro cubierto con raicillas del campo para que estuviera blando y al final le puso un techo también de ramitas.

Salía y entraba cuando quería. El viejo sabio la visitaba y le hablaba. Y cuando hacía demasiado frío para ir a buscar comida le dejaba granos de trigo, pan mojado y sobras de la comida junto a la ventana.

Se habían hecho amigos. Hasta dejaba que el viejo la cogiera y la acariciara, y eso es muy raro porque las urracas son como los cuervos y no se dejan coger. Te dan un picotazo tremendo.

Pasó un tiempo. Pero lo más raro era que aquella urraca no demostraba ningún interés por reunir cosas brillantes en el nido. El profesor dejaba aposta bolitas de papel dorado o cristales de colores cerca y ella no les hacía ni caso. Tampoco salía a buscarlas fuera. Prefería estar revoloteando en invierno alrededor del viejo sabio. Lo observaba cocinar y trabajar. Como en la cocina del viejo hacía calorcito, la urraca siempre estaba allí en invierno, mirándolo todo con curiosidad. Él le daba de comer en la mano alguna golosina de las que les gusta comer a los pájaros y ella parecía muy contenta y amistosa.

—Toma un mosquito. Te gusta, ¿eh? —le decía el viejo—. Pues como es muy malo y pica te lo puedes merendar.

Cuando tenía ganas de salir, la urraca volaba al bosque a juntarse con otras aves. Cuando acababa el invierno y empezaba la primavera se reunía con otras urracas negras y blancas como ella. El viejo sabio miraba a lo lejos y veía hasta cien compañeras de su amiga revoloteando y charlando entre sí en el lenguaje de los pájaros.

Un día volvió con un «urraco» a casa del viejo y tuvieron crías. Y mientras la urraca salía al campo a buscar comida para ellas, su «marido» se dedicaba a coger todas las cosas que el viejo había dejado aposta esparcidas por el desván. Pero cuando la urraca llegó un día y vio el nido lleno de porquerías brillantes empezó a tirarlas fuera. Y cuando su compañero se le acercó, le empezó a dar unos picotazos horribles para que se marchara. ¿Para qué querían todas aquellas cosas inútiles en su casa? ¡Con lo bien que se estaba en su nido calentito y con tejado!

El viejo profesor escribió una historia sobre la urraca que había dejado de buscar tesoros, pues todas las urracas los buscan. A los otros sabios del mundo les pareció una cosa tan extraña que viajaron a casa del viejo para ver a aquella urraca. Le pusieron toda clase de objetos brillantes en el desván y en el jardín para ver si era verdad lo que el viejo sabio decía. Pero ella no cogía nada, revoloteaba y se posaba en el hombro del viejo, mirando a todos aquellos señores con muy mala cara. Mientras estuvieron allí, no dejó de estar cerca de su amigo.

Hasta que por fin los sabios se fueron a escribir ellos también la historia de la urraca que no necesitaba reunir tesoros.

Mi amigo Roso

Yo soy un poco gordito relleno, no demasiado, y me gusta estar tranquilo. Pero mi compañero de mesa es, bueno… Es más bien flaco y más alto que yo. Lo llamamos Roso porque es pelirrojo, pero en realidad se llama Miguel. Cuando llega a clase por la mañana se sienta encima de la mesa, de espaldas a la profesora, coge las gomas de borrar de otros chicos y las hace saltar de una mano a otra como hacen los equilibristas esos o como se llamen. Puede llegar a pasarse de mano a mano hasta seis gomas sin que se le caiga ninguna.

Cuando entra la profe aún está sentado encima de nuestra mesa hablando y hablando y todo el mundo se ríe. Pero él no se da ni cuenta. Entonces la profe hace como que tose o da un golpe en la mesa. Roso se baja y se sienta haciendo tanto barullo que nos volvemos a reír. Durante la lección nunca escucha, coge un papel y se pone a dibujar escenas de las películas que ha visto. Dibuja de maravilla pero entonces no se entera de la lección. A mí sus dibujos

me encantan, siempre le digo que tenemos que hacer un cómic porque a mí me gusta escribir historias.

El Roso tiene las piernas largas y como las mueve todo el tiempo se le arrugan y se le caen los calcetines. A veces se levanta y se va de clase sin pedir permiso, como Pedro por su casa, como dice la profe de ciencias sociales, aunque debería decir como Miguel por su casa, creo yo.

—¿Adónde vas? —pregunta ella.

—Al pis —responde él.

Y todos nos reímos, aunque algunos se molestan.

—¿Y no podías pedir permiso? —dice la profe.

—Permiso —dice él. Y a mí se me escapa la risa.

A veces no vuelve y hay que ir a buscarlo. O cuando entra hace tanto ruido que la profe lo mira de mala manera.

Casi siempre está hablando con los de la mesa de atrás. Y una vez que la profesora lo expulsó de clase durante un cuarto de hora, el

Roso se fue a su casa tranquilamente y no volvió hasta el día siguiente. Si le dicen que se esté quieto se le empieza a mover la pierna como si fuera eléctrica, tic, tic, tic. Tiene todo el cuerpo quieto pero la pierna se le mueve sola. Al mismo tiempo da golpecitos con el bolígrafo en la mesa, toc, toc, toc. Es genial, de verdad.

Al principio Roso me molestaba pero ya me he acostumbrado. Una vez que me pusieron a otro chico me aburrí mucho. Era más soso que una patata hervida. A veces estoy hablando con él y, de repente, el Roso intenta subirse a un árbol del patio y a veces se resbala y se hace rozaduras. Siempre se pone a hacer cosas de repente, cuando menos te lo esperas.

Está peleado con casi todos los de clase, menos conmigo. Le gusta una niña que no lo puede ni ver. Le echa cosas en clase. Cosas que compra para ella, pero ella las tira a la papelera y él se pone furioso. Le tira elásticos de colores para el pelo o algún monederito, así, por el aire, y ella no hace ni caso. Cuando le digo que le dé los regalos en persona, el Roso menea la cabeza.

Me he enterado de que en su casa le dan fichas, me lo contó él mismo. Por cada lección que estudia le dan una ficha. Y luego puede cambiar la ficha por ir al cine o que le compren un coche. Y así, con todo lo que hace bien. Si se está quieto una tarde y hace los deberes, le dan fichas. Le dije que era un suertudo. Pero me explicó que como haga un estropicio de esos que el Roso siempre hace, tiene que arreglarlo y además hacer una tarea extra. O sea que si rompe un plato, tiene que barrer los trozos muy bien y además fregar la cocina. Dice, además, que si se porta mal le pueden quitar las fichas que ha ganado.

—Pues que se las guarden —le digo.

—No, que me gano muchas cosas —contesta. Y saca una moto del bolsillo y me la enseña. Es una «Jarli Davison» de las que yo quiero, de metal y con todos los detalles.

A mí no me dan nada por hacer los deberes. Y como me estoy bastante quieto me tendrían que dar un millón de fichas. Pero es que al Roso estar quieto le cuesta más porque casi nunca lo consigue. Si se está quieto es un héroe y por eso le dan premios. También le cuesta mucho aprenderse las lecciones. Y leer. Mira un tebeo y al minuto se levanta y abre la ventana, mira fuera, la cierra y vuelve. Deja el tebeo y le da una patada a una bola de papel. Es así.

Yo lo quiero bastante y pienso hacer un cómic con él, ya lo he dicho. Hace unos dibujos fabulosos de «Star Bars», con todos sus personajes, Yoda, Chew Bacca, los robots, etc., aunque casi nunca los acaba. Empieza uno, lo deja y empieza otra cosa. Yo le digo que los acabe. Y a veces lo hace y se ve la escena perfectamente con todos sus personajes. Ya lo tengo convencido. Yo escribiré el texto de los bocadillos y él hará los dibujos. Nos haremos famosos.

Así es como veo a mi compañero de mesa.

Carlos Martín, 2.º curso de Primaria, clase B

El País de Todo al Revés

Había una vez una niña que nunca decía la verdad. Si había comido pescado, decía que carne. Si iba al cine decía que había ido a las atracciones. A sus compañeras de clase les explicaba que habían entrado ladrones en su casa y se lo habían llevado todo, sólo porque lo había visto en televisión.

Aquella niña vivía en el País de Todo al Revés. Allí todo el mundo mentía y era un caos. Cada día era como vivir en un cuento loco. La que más mentía era nuestra niña y por eso la habían proclamado reina del lugar. Llevaba un vestido y una corona de mentira, y se sentaba en un trono de mentira. Sus ministros y cortesanos le decían que era muy guapa cuando la verdad es que era bastante normal. Y alababan sus rubios cabellos, a pesar de que los tenía más negros que el carbón.

En aquel país, los comerciantes mentían en el precio de las cosas. Y casi siempre servían cosas distintas a lo que les pedían. Si una señora pedía patatas, le ponían cebollas. Si un señor preguntaba en qué dirección estaba una plaza, lo mandaban en dirección contraria. El pobre decía que era marqués y que tenía mucho dinero, y en cambio el rico fingía que era pobre, quejándose de los malos tiempos que corrían. Todo el mundo mentía a todas horas y pretendía ser lo que no era.

Hasta que un día la reina supo que había llegado al País de Todo al Revés un extranjero y lo invitó a palacio. No se veían muchos extranjeros por allí. Era un joven que viajaba por el mundo para aprender, como solía hacerse en otros tiempos.

En la comida le pusieron pescadilla podrida disfrazada de perdiz y todo el mundo exclamó que en ningún sitio había perdices tan buenas como en aquel país. Le sirvieron agua asegurando que se trataba del mejor vino de la comarca. El joven les dio la razón en todo.

Mientras paseaban por los jardines de palacio, la reina le contó al extranjero que era huérfana desde muy niña. Su padre el rey había

muerto en una gran batalla, y su madre murió al nacer ella. Pero la verdad es que su padre estaba bien vivo y era molinero, y su madre era hilandera. Y que ella sólo era reina en el País de Todo al Revés. Pero el joven le decía a todo que sí.

Cuando el extranjero fue al dormitorio que le habían preparado en la Gran Cámara de Invitados, se encontró con un pobre jergón en la buhardilla. Ni siquiera había velas para alumbrarse y se las tuvo que pedir a un criado. Decidió que le daría un buen escarmiento a la reina de las mentiras. Estuvo toda la noche pensando y pensando.

Al día siguiente, el joven puso en marcha su plan. Como en el país de las mentiras no hay nadie fiel ni sincero, aceptaron cumplir sus órdenes a cambio de dinero. Una mañana los pregoneros anunciaron desde las torres de la muralla que el pueblo debía reunirse en menos

de una hora. El ejército, que también había aceptado el dinero del joven, hizo cumplir la orden. Cuando todo el pueblo estuvo reunido, el extranjero hizo salir a la falsa reina a saludar.

—Ésta es vuestra reina. Sus vestidos son de papel y su corona es de cartón dorado. No tiene nada en su palacio. Es pobre como una rata —anunció.

Todos se pusieron a lanzar exclamaciones de asombro.

—Os ha tenido viviendo siempre en la mentira. ¿Os acordáis de cuando hizo anunciar que el país estaba empezando a arder por los cuatro costados?

La gente movía la cabeza como diciendo que sí.

—¡Fue terrible! ¡Tuvimos que huir!

—Pues os engañaron. Nunca ardió el país.

—¡Claro! ¡Y los nobles cortesanos aprovecharon nuestra ausencia para quedarse con nuestras mejores casas y nuestros campos! —gritó un hombre.

—¡Basta! —gritó otra mujer—. ¡Quiero que cuando pida patatas me den patatas y no cebollas!

—¡Fuera la Reina de la Mentira! —gritaron algunos.

—¡Fuera! ¡Fuera! —gritaron todos a coro.

La niña estaba asustadísima. La gente del país parecía a punto de asaltar el palacio y castigarla por sus mentiras, cuando el extranjero se la llevó de allí en su caballo antes de que aquella muchedumbre enfurecida pudiera darles alcance.

—¿A dónde me llevas? —preguntó ella.

—A tu verdadera casa. Con tus verdaderos padres.

—¿Se lo contarás todo?

—No —dijo el joven.

—¿Quién eres realmente? —preguntó la niña.

—Soy tu nuevo profesor y mañana te espero en clase —respondió él, muy alegre.

—Me has salvado de una buena y nunca más mentiré, te lo prometo —dijo la niña.

A la niña le costó un tiempecito acostumbrarse a decir la verdad. Por suerte, tenía a aquel profesor que la ayudaba. Pero como le gustaba la fantasía, decidió que, en lugar de mentir, escribiría historias para los niños.

Con el tiempo se hizo mayor y sus libros de cuentos tuvieron mucho éxito porque eran realmente muy bonitos y divertidos.

El chico que rompió un cuento

Había una vez una aldea a la que llegaba en primavera un personaje llamado Cuentacuentos. Lo llamaban así porque vivía de ir contando cuentos de aldea en aldea. Decían que se sabía de memoria más de mil cuentos, y debía de ser verdad porque cada vez que aparecía contaba cuentos nuevos. Nunca repetía ninguno. A veces los niños le pedían que se inventara uno sobre un tema que ellos elegían:

—¿A que no te sabes un cuento sobre una loba que adoptó a dos gatos recién nacidos?

Era una cosa que acababa de suceder en la aldea.

El hombre pensaba un poco y se inventaba el cuento que le habían pedido con absoluta facilidad. Era prodigioso. Por eso siempre que llegaba estaba rodeado de niños y hasta de personas mayores, a las que también les gusta escuchar cuentos.

En la aldea vivía un chico bastante listo pero un poco bruto que tenía dos hermanos pequeños. Y a los tres les gustaba el Cuentacuentos.

Cuando llegaron un día al sitio donde aquel hombre se sentaba siempre porque había una piedra redonda y plana muy cómoda, ya estaban todos los lugares ocupados y nuestro chico y sus hermanos no podían oír los cuentos.

El mayor, como era su costumbre, empezó a empujar a la gente para acercarse al Cuentacuentos, arrastrando a sus hermanos con él. Y al chico que estaba más cerca del hombre y le tapaba la vista, lo apartó con tal violencia que el otro se enfadó y comenzaron a pelearse. El público protestó por el escándalo, separaron a los dos chicos y los echaron del corro.

—Ahora verán esos idiotas —exclamó el chico, rabioso.

—Vámonos, vámonos —le dijeron sus hermanos, que conocían demasiado bien el carácter del mayor.

Pero el chico volvió al corro, donde el hombre de los cuentos estaba contando una historia muy bonita con muchos personajes y ¿sabéis lo que hizo? Lo nunca visto.

¡Agarró su cuaderno de cuentos y lo rompió!

¡Rompió el cuento que estaba contando el Cuentacuentos! Aunque los cuentos no se ven, todo el mundo se dio cuenta de que lo estaba rompiendo. Oyeron un gran estrépito, como el de un cristal que se rompe en mil pedazos, y cómo los personajes saltaban por los aires gritando «¡ay, ay, ay!», cada uno con su voz, y cómo luego caían los trozos por el suelo.

Todo el público se quedó asombrado por lo que acababa de pasar, pero en cuanto a los niños y los mayores se les pasó el susto, comenzaron a reñir al chico que había hecho algo tan malo como romper un bonito cuento.

—¡Recoge los pedazos! —le gritaban.

—¡Vuelve a recomponer el cuento para que sigamos escuchándolo!

—No pienso hacer nada de eso —respondió el chico, enfadado.

Y se marchó a su casa arrastrando con él a sus llorosos hermanos.

Cuando sus padres supieron lo que había sucedido, riñeron a su hijo, pero éste seguía enfadado y no hizo caso.

Esa noche estaba el chico durmiendo en su cama, cuando oyó unas voces lastimeras cerca de él. Eran los personajes del cuento roto, que venían a quejarse. Tenían chichones y brazos y piernas rotos por todas partes. Y eran tantos, que el Cuentacuentos se quedó sin personajes y tuvo que marcharse del pueblo. Así que los niños se quedaron sin cuentos.

—Oh —dijo una princesita—, debes pedirnos perdón y arreglarnos para que podamos actuar.

—Y yo estoy tan magullado que no puedo asustar a nadie —añadió el Ogro.

—Dejadme en paz —respondió el chico—. Tengo mucho sueño. He de ir a trabajar al campo al amanecer.

Pero los personajes del cuento volvieron a la noche siguiente para darle una lección a aquel chico. Apenas éste había cerrado los ojos, cansado de trabajar con su padre en el campo, cuando de

pronto comenzaron a oírse en su habitación ruidos extraños, cuchicheos y murmullos, quejas y golpes en los muebles.

Después de tres noches sin dormir, el chico les dijo a todos aquellos personajes invisibles pero tan molestos:

—¡Está bien, está bien! Venid todos el domingo al taller de mi padre y os arreglaré. ¡Malditos monigotes!

Y los reparó tan bien que los dejó como nuevos. La princesa ya podía bailar otra vez, el Ogro recobró su terrible aspecto, los enanos y gnomos se volvieron saltarines, el rey volvió a recuperar su corona, antes destrozada, y pudo sentarse otra vez en el trono.

La primavera siguiente volvió el Cuentacuentos a la aldea a recoger a sus personajes, dispuesto a contar el cuento más maravilloso del mundo a aquellos niños a los que había dejado tan tristes el año anterior. Aquél iba a ser el cuento más bello y original de todos. Pero cuando nuestro chico se acercó al corro todo el mundo lo echó de allí. No iban a dejar que rompiera el cuento de nuevo. Él protestó y se fue. Se subió a un árbol cercano y desde allí escuchó el mejor cuento de su vida. Tenía movimiento, colores y hasta olores. Y muchas aventuras emocionantes.

Y así, cada primavera el chico sólo tenía derecho a escuchar las historias del Cuentacuentos subido a su árbol. Hasta que se cansó de estar allá arriba solo y un día madrugó mucho para coger un buen sitio sin tener que empujar a nadie ni pelearse. Las personas del público hablaron entre ellas y aceptaron al chico en el corro.

¡Iba a estar en primera fila! ¡Y nadie iba a echarlo de allí!

La ciudad maravillosa

Jorge era un chico despierto y cariñoso, pero era tímido y le costaba hacer amigos. Había vivido desde que nació en el mismo barrio y por fin había logrado hacer un amigo. Ahora sus padres se habían mudado a un barrio nuevo con un gran parque delante de su casa. Pero Jorge estaba enfurruñado porque en el nuevo barrio no conocía absolutamente a nadie. Iba al parque con su madre o con su padre y nadie jugaba con él. Todos los chicos jugaban juntos y él tenía que conformarse con mirar cómo se divertían.

Así pasaron varias semanas. En el colegio sucedía lo mismo. Había una pandilla de amigos que lo dejaban de lado y él se aburría.

Tanto en la escuela como en el parque no tenía más remedio que jugar solo.

Una vez su madre lo llevó al parque y se puso a jugar con el barro. En tanto tiempo de jugar solo se había hecho muy mañoso y hacía construcciones fantásticas con los tacos de madera y los mecanos, pero prefería el barro porque con él podía moldear lo que quisiera.

Ese día había llovido un poco la noche anterior y la tierra estaba blandita como a él le gustaba.

Se puso a construir una ciudad que tenía pensada desde hacía tiempo. Esa ciudad tendría sus calles, sus casas, sus jardines, y hasta depósitos de agua para que sus habitantes pudieran beber, lavar y regar sus jardines.

Cuando ya había levantado algunas casas, se acercó un niño que jugaba a la pelota, se agachó y le dijo:

—¿Puedo jugar contigo?

Jorge hizo un gesto con la cabeza que quería decir que sí y el otro niño comenzó a ayudarlo.

Cuando Jorge acababa de construir un canalito para las aguas de aquella ciudad, otro niño que se columpiaba se acercó y dijo:

—¿Puedo traer agua de la fuente para llenar el canal?

Y Jorge volvió a hacer su gesto de que sí sin pronunciar palabra, como si fuera un jefe de ingenieros.

Los demás niños que antes jugaban en pandilla comenzaron a quedarse solos y a aburrirse, así que se acercaron al grupo que estaba construyendo con barro, se agacharon y también se pusieron a ayudar.

Jorge les mandó traer ramitas que parecieran árboles y las plantaron entre las casas, y también hicieron un huerto con bolitas de las plantas que parecían calabazas y tomates en miniatura.

Cuando terminaron la construcción de la ciudad, otros niños

que acababan de llegar con sus muñecos de plástico pidieron permiso para colocarlos. Con eso, la ciudad tuvo también habitantes. Y las personas mayores, que ya empezaban a regresar a casa con los niños, se acercaron a contemplar la obra.

—Nunca había visto una cosa tan bien hecha —dijo una anciana—. ¡Es una ciudad completa!

—Y tan bonita, tiene hasta huerto —dijo otra.

—Y agua corriente… —comentó un señor que paseaba a su perro.

—Parece una ciudad árabe, con esas casas color de barro rojo oscuro y esos árboles que parecen palmeras —dijo un anciano que tomaba el sol.

—¿Quién ha construido esta ciudad? —preguntó curiosa una maestra de la escuela, que en ese momento pasaba por allí.

—¡¡¡Entre todos!!! —gritaron a coro los niños.

—Entonces, podríais encargaros de montar el belén este año en la escuela. Cada año le toca a un grupo.

—El que ha empezado ha sido este chico —dijo el primer niño que se había acercado a Jorge.

—¿Y cómo se llama ese chico? —quiso saber la maestra.

—No lo sabemos —respondieron los niños.

Jorge se puso un poco nervioso y no supo qué decir, pero sabía que había hecho amigos y estaba contento.

Jorge seguía siendo vergonzoso, pero pronto tuvo muchos amigos porque siempre se le ocurrían ideas estupendas. Él empezaba y poco a poco iban juntándosele chicos y más chicos con ganas de colaborar y de añadir ideas a lo que Jorge había empezado.

A veces eran travesuras que ellos llamaban «aventuras» y la maestra se enfadaba. Como aquella vez que se metieron en un gran matorral que había al fondo del patio de recreo y pretendieron construir allí una cabaña para hacer reuniones secretas. Se habían llevado comida y una cantimplora llena de agua. Y hasta libros pequeños, pues Jorge decía que un club secreto debía tener biblioteca.

Pero la maestra descubrió el agujero que habían hecho en las plantas y puso el grito en el cielo al ver el destrozo.

Pero otras veces Jorge y sus amigos hacían en la escuela unos belenes y unos decorados para funciones de teatro realmente preciosos.

Así que Jorge ya no se acordaba del barrio en que había vivido antes porque ahora tenía muchos más amigos.

Viaje al planeta Tartax

Un chico se fue un día en cohete al planeta Tartax, donde todo el mundo hablaba como en la Tierra pero adornando las palabras importantes con una especie de cancioncilla. Para decir «fiesta» decían «firfirifiesta», y «casa» era «carcaracasa». Era muy divertido aquello.

Como el rey de aquel planeta tenía mucha curiosidad por saber cómo era la Tierra, el héroe de nuestra historia fue nombrado narrador del rey. Cada día el chico le explicaba al soberano cómo era la Tierra. Le contaba cosas sobre los países y los mares que tenemos, sobre las razas, las lenguas y las costumbres de los diversos lugares. Le gustaba

mucho la geografía y sabía infinidad de cosas sobre nuestro planeta.

Para recompensar al muchacho el rey le ofreció la mano de su hija menor, que era una princesa muy dulce y muy graciosa. Desde entonces lo llamaron príncipe Terrestre, que ellos pronunciaban Terterérrestre.

En Tartax se vivía bien, no hacía frío ni calor, y la gente era buena. Pero, ¡ay!, el príncipe añoraba a su familia, a sus amigos, y prefería vivir en un planeta en el que hay primavera, verano, otoño e invierno, que eran desconocidos en Tartax.

Así que un día le propuso a la princesa trasladarse a la Tierra, pero ella exclamó:

—Oh, pirinpríncipe mío, creo que nunca podría aprender a hablar el idioma terterérrestre.

El príncipe le contó lo estupendo que es viajar en cohete por el espacio azul y silencioso, contemplando por el camino miles y miles de estrellas refulgentes.

Al final logró convencerla y una vez en la Tierra la llevó a un palacio. Ella dijo que no saldría de allí hasta que lograra hablar perfectamente el idioma terrestre. Entonces el príncipe llamó al mejor profesor de idiomas intergalácticos que existía para que se lo enseñase.

Cuando el profesor llegó reunió a toda la familia y a todos los que trabajaban en el palacio y les dio las siguientes órdenes:

—Nunca deben corregir la forma de hablar de la princesa. Ni la regañarán cuando no logre hablar bien. No le harán repetir las

palabras cuando no la entiendan, ni le harán preguntas. Dejen que hable cuando quiera. Los demás le hablarán dulcemente en terrestre, a fin de que poco a poco aprenda ese idioma sólo con escucharlo.

Luego se marchó y todos se asombraron de que se fuera sin darle clase a la princesa.

Pero en aquel mundo tan nuevo para ella, la princesa se ponía nerviosa y entonces hablaba tan de prisa en idioma tartax que apenas la entendían.

Decía en su gracioso idioma:

—Pirinpríncipe Tertererrestre, ven a hacerme coromcompañía.

También decía:

—¡Buenos días, señor porprofesor! Querecreo que no estoy avanzando mucho y quirquirisiera salir ya a conconocer la ciudad.

No lograba tranquilizarse. Entonces, el maestro de lenguas

interplanetarias mandó que le construyeran a la princesa un gran arlequín, tan alto como ella, de madera clara, con los brazos y las piernas articulados, que colgaron de la pared. Mandó traer también una colección de ceras de colores. Les dio instrucciones a la princesa, al príncipe y al ama de llaves. Luego desapareció.

La princesa debía ir rellenando con diversos colores los rombos del traje del arlequín cada vez que estuviera tranquila y le salieran las palabras al estilo terrestre.

Al principio aquel arlequín le pareció un personaje muy feo, pues nunca había visto en Tartax una cosa semejante. Pero, cada vez que le salía una frase en terrestre, rellenaba uno de los rombos del traje del arlequín tal como le había indicado el profesor. La princesa pintaba muy bien y poco a poco fue surgiendo el fantástico colorido que tiene el disfraz del personaje.

Cuando el traje estuvo terminado, la joven coloreó los ojos, la boca, las cejas y el cabello del arquelín. Parecía vivo y a punto de ponerse a hacer cabriolas. Era precioso.

Una vez acabado le pusieron un cordel por detrás, de forma que tirando de él movía las piernas y los brazos.

Para entonces la princesa ya hablaba en terrestre casi perfectamente.

Por fin pudo salir del palacio y acudir a un gran baile. Todo el mundo quería conocer a la princesa de Tartax y los invitados se acercaron a saludarla. Quedaron muy contentos por su educación, su belleza y su amabilidad. Y sobre todo por lo bien que hablaba el idioma terrestre.

Es verdad que algunas veces, cuando se emocionaba, hablaba en tartax sin darse cuenta y exclamaba:

—¡Ay, querquerido Tertererrestre!

Pero eso le pasa a todo el mundo alguna vez cuando se emociona.

Me llamo Alicia

Esto es lo que cuenta Alicia, una niña de Florencia que va en silla de ruedas pero a la que eso no le impide disfrutar de la vida tanto como puede. Escribe muy bien y cuenta cosas de su vida tan interesantes como éstas en sus cuadernos.

Cómo soy

Estoy contenta de ser como soy. Me llamo Alicia, pero mis padres me llaman «bicha» porque soy un poco chinchosa.

Soy florentina y tengo el cabello rubio, los ojos verdes. Soy mediana de estatura, ni gorda ni flaca. Con los amigos soy muy alegre, tengo el carácter vivaracho y bromista, quizá demasiado. Me gustan mucho las hamburguesas, las patatas fritas, la pasta con salsa de tomate, la tortilla de puerros, los huevos duros, etc. Me gusta vestirme deportiva y elegante. Me gusta ir a la escuela y sobre todo las matemáticas. Mi deporte preferido es el esquí. Me gustan las películas cómicas y los libros con muchas aventuras.

Siento pasión por el deporte pero tengo un problema motriz que me impide andar y voy en silla de ruedas, pero logro esquiar sujetándome a los hombros de mi padre. Además de esquiar soy «scout» y me voy de excursión con mi grupo.

A veces fantaseo

A veces fantaseo que me convierto en un personaje famoso, tengo la cabeza en las nubes, pienso en realizar algún sueño, como poner en pie una organización de pequeños investigadores. De mayor me gustaría ser astrónoma o astronauta.

Me gustaría ser adivina y tener poderes excepcionales. Si fuera una gran maga quizá podría prever las guerras del futuro con años de antelación y poder así advertir a la gente para que las evitase.

Mis animales

Quiero mucho a los animales de mi casa porque me hacen compañía. Tengo dos gatos. «Murfi», el macho, es grande y negro. «Minú», la gata, es blanca como la nieve y tiene un morro precioso. En el patio tengo también dos tortugas. Me son muy simpáticas porque no fastidian. Y luego tengo un pez rojo que se llama «Nicolino», que vive desde hace años en un acuario que se le ha quedado pequeño.

En el baño me han puesto agarraderas para que pueda sujetarme. Y cuando voy a lavarme los dientes viene «Murfi» y hace como que él también se los lava, o se sienta en la taza del váter como una persona.

Mis pequeñas hazañas

Una mañana me desperté antes que papá. Mamá ya se había ido a trabajar, y empecé a llamarlo, ¡papá!, ¡papá!, pero él no me oía.

Entonces intenté levantarme y lo conseguí. Agarrándome a la pared llegué hasta su habitación y lo desperté.

Era la primera vez que lo hacía. Papá estaba pasmado pero también contento. Me pasó el brazo por los hombros y desayunamos juntos.

Una mañana que estaba en el mar de vacaciones mi abuelo se dio cuenta de que no podía bañarme porque tenía un poco de fiebre y se lo dijo a mamá. Mamá vino y me llevó a la orilla para que me entretuviera haciendo castillos. Pero yo, empujándome y empujándome con las manos, acabé en el mar ¡y así conseguí bañarme!

Cómo me divierto

Un día fui a visitar con mis padres una ciudad antigua, que ellos llaman acrópolis. Estaba en lo alto de una colina. El camino era difícil de subir y ¿qué hicimos? Alquilamos dos burritos. Mi madre iba en

uno, y yo en el otro con mi padre, y así, con algunas dificultades y paradas, llegamos a la cima. Anduvimos durante mucho rato entre guijarros, viendo los monumentos de la acrópolis. Desde allí se veía el mar y me quedé con la boca abierta admirando el panorama.

También me lo paso muy bien en la nieve. Los días que voy a esquiar, me gusta bajar pistas con mis esquís nuevos y subir con el telesquí. En el monte Seceda hay una pista muy bonita. Está en el bosque, al principio tiene un rincón con un riachuelo casi helado y una cascadita en medio de la nieve. Más adelante hay una explanada roja y una caverna donde hay un árbol con las raíces fuera de la tierra. Desde todos los lados parece un gnomo escondido. Por eso la llamo la pista de los gnomos y es mi preferida.

El primer día de ponerme los esquís, qué miedo. ¡¡¡No puedo!!! ¡Es la primera vez que esquío! ¡Parece una cosa imposible, de locos! Pero, ¡venga! Mi padre me sujeta. Ahora estoy esquiando y no pasa nada. ¡Es fácil y divertido! ¡Y no es tan loco!

Me encanta el carnaval. Un año me disfracé de tigre con un traje todo de gomaespuma con rayas que me pintó mi tía. Llevaba un casquete con grandes ojos azules y orejas pequeñas y redondas. ¡Era muy incómodo pero tan bonito que no me lo habría quitado nunca! Luego fuimos al Arno.

La gente va a orillas del Arno, que es el río de Florencia, a enseñar sus disfraces, a tirar confeti y serpentinas y a gastar bromas un poco fuertes.

A veces pienso

A veces pienso que las personas que no caminan y se mueven como yo en silla de ruedas se encuentran en la ciudad con obstáculos en los que nadie piensa.

Muchas aceras no tienen rampas, los pasos que hay son estrechos y además están repletos de motos, coches y bicicletas. Hay escalinatas sin ascensores. Tampoco hay bastantes pasos de cebra.

Cerca de mi casa hay un bordillo tan alto que ni siquiera con mi nuevo Escooter eléctrico puedo subir la acera. Y muchos más obstáculos por todas partes, ¿no es verdad?

Sobre este tema hice un trabajo para el Primer Congreso Nacional Sobre los Niños y la Ciudad y logré que me lo publicaran en un diario.

Qué mala pata

Un día participé en un concurso de farolillos de papel. Quien llevase el más bonito ganaría un premio. Mi farolillo tenía forma de casita y la había hecho de cartón para que los chicos no me la rompiesen con el tirachinas. Luego le había hecho aberturas como si fueran ventanas para que pudiera verse la luz de dentro y pareciese una casita iluminada.

Pues resulta que gané el premio y… ¿qué me tocó? ¡Una preciosa bicicleta de color rojo! «¡Qué mala pata!», me dieron ganas de gritar. ¿Qué podía hacer yo con una bicicleta? Pero estaba contenta de ser la ganadora. Y, al fin y al cabo, siempre podía vender la bici…

Como se ve, unas veces soy afortunada y otras no. Pero a pesar de todo soy feliz.

(Cuento basado en la obra de Alicia Sturiale, «El libro de Alicia»)

Mojado y Bacalao

Había dos niños gemelos que querían siempre lo mismo. Los mismos juguetes, la misma ropa y la misma comida. Eran tan parecidos que su madre quería vestirlos con ropa diferente para que la gente pudiera distinguirlos. También para que cada uno tuviera su propia personalidad. Pero era imposible, porque si uno de ellos escogía un jersey azul, el otro también quería uno igual. Si le daban uno de color rojo, lo tiraba al suelo. La madre decidió un día llevarlos por separado a la tienda. Escogió la ropa de uno de los gemelos y al llegar a casa la guardó para que el otro no la viera. Se llevó entonces al segundo gemelo y le compró ropa diferente. Luego los vistió, y cuando los niños vieron que iban distintos armaron un gran escándalo. Cada uno quería la ropa del otro para poder vestir de la misma manera, así que la madre no pudo ponerles los trajes nuevos. Pasaba lo mismo con los Reyes. Si les ponían un cochecito rojo y otro azul para que se divirtieran más y cada uno supiera cuál era su coche, se enfadaban mucho. Querían dos coches idénticos. Por eso sus padres, para que no hubiera discusiones, se lo compraban todo repetido.

Los gemelos también se divertían engañando a la gente. Una vez uno de los gemelos le puso riendas al perro de una vecina y lo montó como si fuera un caballo y la vecina fue a su casa a quejarse.

—Su hijo —dijo la vecina— se ha montado en mi perro y le ha lastimado la pata.

—¿Cuál de mis hijos? —preguntó la madre.

—Pues ese que está detrás de usted.

—Yo no he sido —dijo el niño.

—Sí que has sido. Te he visto perfectamente desde la ventana de mi casa —dijo la señora.

Entonces apareció el otro gemelo y la señora se quedó pasmada. No era capaz de decir a cuál de los dos niños había visto.

—¿Cuál de los dos ha sido? —preguntó la madre, muy enfadada.

Ninguno había sido.

—Entonces, os castigaré a los dos.

—Por favor, señora, déjelo. Uno de ellos no ha hecho nada y castigaría a un inocente.

Y aunque esa noche se quedaron los dos sin postre y sin

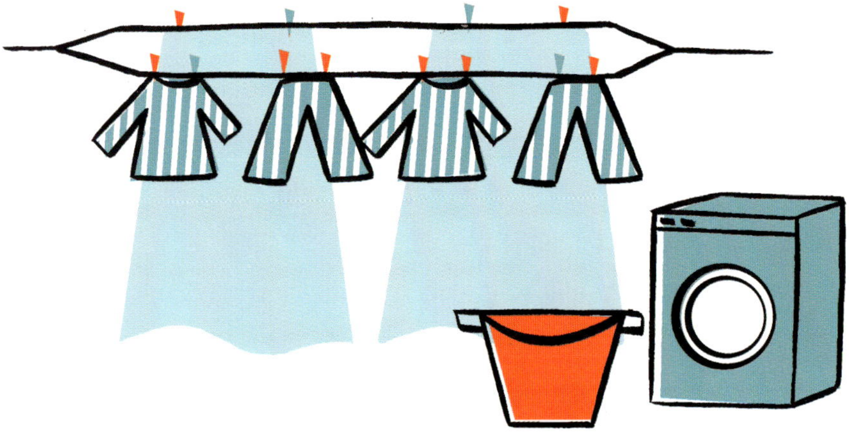

televisión, no hubo manera de saber quién le había hecho la perrería al perro. Esa clase de travesuras los divertía mucho.

Pero a sus padres no podían engañarlos. Aunque eran idénticos, ellos los distinguían perfectamente. No se sabe cómo lo consiguen los padres. Y eso desde el primer día de su nacimiento, a pesar de que no los han visto nunca. ¡Pero, a los demás, logran engañarlos siempre! «Yo soy Andrés», le decía Luis a una persona. «Y yo Luis», decía Andrés. Así que todos se hacían un lío con los dos hermanos y ellos se reían mucho con su broma.

Hacían otra cosa juntos: se hacían pipí en la cama. Sus padres estaban desesperados porque tenían que lavar dos pares de sábanas, dos pijamas, calzoncillos... y eso todos los días. Su lavadora no paraba de trabajar. De día los gemelos eran unos hombrecitos, siempre pedían ir al baño con mucha educación, pero por la noche dormían a pierna suelta en medio de un lago amarillo y «perfumado».

Hasta que cumplieron cinco años y su madre se cansó.

—Si queréis ir a Disneylandia ya podéis aprender a estar secos —dijo un día—. En los hoteles no se puede uno hacer pipí en la cama. ¿Queréis o no queréis ir a Disneylandia?

—¡¡¡Sííííííí!!! —gritaron a la vez los gemelos.

—¿Y cómo hay que estar en el hotel?

—¡¡¡Secooos!!! —contestaron alegremente a dúo.

—Pues, entonces, en marcha. Tenéis que amanecer todos los días secos como un bacalao.

Una tarde se fueron los tres al centro y compraron un reloj despertador enorme y amarillo en forma de tigre, con dos campanas tremendas, que eran las orejas, y que sonaban como la alarma de los bomberos. Lo colocaron en el salón de la casa. Cada dos horas sonaba y los caballeritos tenían que hacer pipí. Primero bebían muchas naranjadas y luego tenían que jugar a aguantarse el pipí. Si Andrés aguantaba medio minuto, Luis se proponía aguantar lo mismo. No quería que su hermano le ganara. Porque Andrés había nacido siete minutos antes que él ya se creía el mayor, y eso Luis no podía tolerarlo. Luego se iban juntos al baño y «hacían ríos» a la vez. Y lo mismo pasaba con los ejercicios que su madre les enseñó a hacer.

Mientras tanto, los cuatro de la familia miraban juntos folletos de Disneylandia y todos hablaban de cuanto verían allí.

¡Tantas cosas emocionantes!

Pero, por las noches, los niños seguían «nadando» y «nadando» en la cama.

Un día sufrieron su primera separación. Andrés tenía un amigo que Luis no podía soportar. La primera cosa en toda su vida que no podían compartir. Los invitaron a pasar el fin de semana con ese niño porque sus padres tenían una finca con caballos y ponis, pero Luis dijo que él no iba por no sufrir al Lelo, como llamaba al amigo de su hermano. Es verdad que era un poco lelo. Y él y el Lelo se habían pegado alguna vez.

Andrés y el Lelo montaron en poni y se lo pasaron en grande. Y por la noche Andrés procuró estar tan seco como un bacalao, como

decía su madre, para que lo volvieran a invitar a la finca.

En cuanto se supo en casa la hazaña de Andrés, Luis decidió que él también era capaz de convertirse en un bacalao. Comenzaron a vigilarse el uno al otro a ver quién amanecía seco y quién mojado. Hasta lo apuntaban cada uno en una libreta: «Mojado» y «Bacalao». Si Luis se atrasaba, Andrés le decía: «Por tu culpa no vamos a ir a Disneylandia hasta dentro de cien años» y, si le pasaba a Andrés, entonces Luis decía lo mismo. Pero luego se reconciliaban porque los gemelos son como un niño partido en dos. Es un misterio bellísimo.

Poco a poco en sus libretas respectivas el «bacalao» empezó a

ganar al «mojado». Había habido dos mojados y cinco bacalaos en una semana. Y luego un mojado y seis bacalaos. Y luego hubo en las libretas tantos bacalaos que los gemelos podrían haber puesto una tienda en el mercado y hacerse ricos. Su madre decía que el bacalao era muy caro.

Al fin fueron a Disneylandia. Pero eso es otra historia que os contaremos otro día... si no amanecéis mojados.

Pautas pedagógicas

1. Los dos príncipes

Celos y rivalidad entre hermanos

El problema de los celos entre hermanos se presenta en la mayoría de las familias y preocupa enormemente ya que se considera que entre hermanos debe existir amor fraternal y concordia. Pero no siempre es así y los hijos rivalizan entre ellos para conseguir la preferencia de sus padres. Es una forma de llamar la atención y de sentirse más queridos que el otro. De todas maneras, dicen que donde existen los celos existe el amor y eso es bien cierto. Lo que caracteriza la falta de afecto es la indiferencia. Es completamente normal que entre hermanos haya celos y rivalidad, aunque hay que canalizarlos correctamente para dar un modelo correcto de convivencia familiar.

Si los padres demuestran que cada hijo es único y especial para ellos y que aceptan y respetan su manera de ser, sin comparaciones, los celos se sobrellevan muy bien.

Es incluso sano hacer broma de ello y tratarlo con sentido del humor, aunque sabiendo controlar bien las emociones. Si sabemos valorar las características personales de cada hijo y sabemos alternar nuestras apreciaciones, los hijos no tienen por qué sufrir celos.

«Los dos príncipes» rivalizan tan enormemente por el amor de su padre, el rey, que éste los manda a recorrer el mundo por separado hasta que hayan superado su rivalidad. Las peripecias que pasan en su largo viaje les hace ver que en el fondo su afecto mutuo es tan grande que llegarán a poner en peligro su vida con tal de salvar al otro.

2 y 6. ¡Vaya semanita! - El Mago de los cuentos

Niño que duerme mal y tiene miedos

Es muy frecuente ver que para muchos niños, igual que les ocurre a los adultos, la llegada de la noche supone la aparición de temores y angustias. La oscuridad y las sombras apagan la energía del día y las cosas que con la luz eran normales parecen temibles en la oscuridad.

Los niños, con su imaginación en pleno desarrollo, perciben imágenes y sonidos de lo más variado, que pueden llegar a preocuparlos.

La noche también supone la separación física de los padres y, por tanto, la falta de protección. Por eso, los niños con poca seguridad se sienten desprotegidos y lo pasan mal.

La labor de los padres debe basarse sobre todo en este aporte de seguridad y de confianza, pero sin dramatizar sobre los miedos infantiles.

Conviene hacerles ver, día a día, su valor, su fuerza, la calma del descanso, lo bonito de la noche, la vida que sigue a nuestro alrededor mientras dormimos, la seguridad del hogar, los sueños fantásticos que podemos tener, la bondad de las personas.

Hay que transformar sus ideas negativas de la noche en ideas positivas. Debemos tomar a broma los monstruos, los ruidos, las tormentas, los miedos cósmicos, los rincones oscuros, para que comprendan que no les damos importancia a sus temores, y que en cambio sí valoramos sus acciones valientes y su capacidad de reírse del miedo.

En los cuentos de «El Mago de los cuentos» así como en «¡Vaya semanita!» hemos abordado los miedos más comunes en los niños, y en cada caso hemos pretendido proporcionarles confianza, consuelo y cierto sentido crítico utilizando las armas más eficaces: la broma, la desmitificación, la razón y la ternura.

3. Una merienda especial

Niño que come mal

La alimentación correcta es uno de los problemas que lleva más de cabeza a los padres, ya que parece que un niño que come poco o mal padece un grave problema.

Lo que en realidad ocurre es que cuesta bastante que los padres enseñen correctamente y con seguridad los buenos hábitos a la hora de comer.

En primer lugar, si el pediatra no detecta ninguna alteración orgánica por la que el niño coma mal, debemos pensar que está aprendiendo de forma incorrecta.

Hay unos conceptos básicos que hay que tener en cuenta:

- No hay ningún niño que se muera de hambre si tiene comida a su alcance.
- Los padres son los que deciden el menú. Los niños pueden comer de todo.
- Preferencias no quiere decir exclusividad.
- Los niños no tiene por qué tener los mismos gustos que los padres.
- Establecer una rutina es la primera batalla ganada.
- Rodearse de los elementos necesarios asociados al hábito de comer.
- Los aprendizajes conseguidos son los más duraderos.

Lo que no debe hacerse:

- Tener ideas preconcebidas acerca de la cantidad de comida que el niño debe comer.
- Si no ha comido, ir probando a que coma en otros momentos.
- Dejar que coma entre horas.
- Cambiar de alimentos hasta encontrar el que le guste.
- Enmascarar los alimentos con otros sabores.
- Obsesionarse con el problema.

El buen hábito de la alimentación se adquiere como cualquier otro hábito, con la seguridad con que lo abordan los padres y su actitud positiva y tranquila.

Hay niños desganados, e incluso personas mayores, para los que el momento de comer no resulta tan agradable como debería. Ven a los demás disfrutar de una buena comida y en realidad sienten cierta envidia. A veces la monotonía de la comida o su obligatoriedad desaniman a estos niños.

El cuento «Una merienda especial» muestra cuánto de lúdico tiene la comida en compañía y qué momento tan hermoso es el de participar todos en una merienda preparada con cariño y creatividad. Inés, la niña desganada, recorre durante dos fiestas un camino que la lleva de la desgana a la comprensión de que comer puede ser un placer y al deseo de querer disfrutar como los demás.

4. Toni y sus primos

Hijo único

Es bien sabido el concepto que tiene la sociedad en general de un hijo único. Suele concebirse como un niño malcriado, caprichoso, insociable, con dificultades de relación. Y no es exactamente así. El niño que crece sin hermanos puede, o no, desarrollar ese problema de inadaptación, en relación con la educación que reciba y los estímulos que se den en su entorno. Es cierto que muchos padres dedican demasiadas atenciones a su hijo único y que pueden llegar a convertirlo en un ser demasiado especial. Pero si ya desde el principio se le enseñan normas estrictas de educación, se lo trata como a un niño normal y no «único» y se favorece su contacto con los demás, el niño crecerá igual o mejor que otro de familia numerosa.

Es importante destacar que los niños deben crecer desarrollando sus propias cualidades y con la máxima autonomía. Si su crecimiento se realiza con demasiada dependencia de sus padres, este niño no tendrá oportunidades de ser autónomo, basará su seguridad en sus padres y no deseará salir de su amparo. Además no querrá establecer relación con otros niños, ya que no le aportan la misma protección que sus padres. Por consiguiente, es importante favorecer su contacto y su relación con niños de su misma edad para que aprenda a compartir, a defenderse, a crear su propio código de relación social y a aprender de otros modelos de conducta.

Es importante tener en cuenta que todo aquello que el niño puede hacer por sí mismo, hay que dejárselo hacer, aunque se equivoque. No hay que anularle sus posibilidades de aprender y madurar.

Se pueden corregir muchos malos hábitos, propios de estos hijos llamados malcriados, proporcionando un cambio en su entorno social, es decir, haciéndole compartir actividades de grupo, llevándolo de colonias, invitando amigos a casa, haciendo deporte de equipo, así como beneficiarse del trato con todos los primos y familiares posibles.

También es necesario que los padres sepan establecer una cierta distancia respecto a este hijo, dejándolo más a su aire y evitando sobreprotegerlo. De esta manera se consigue que el niño cree su propio entorno, con seguridad y autonomía.

Toni, el protagonista de «Toni y sus primos» es un «pequeño tirano» que por ser hijo único dispone de más espacio, más juguetes y más atención de sus padres que los demás niños. No quiere que nadie se meta en su pequeño reino y nunca presta sus juguetes. Pero un día sus padres se ven obligados a viajar y lo dejan con sus primos. Toni se resiste a ser uno más y a tener que luchar por lo que quiere. Con los días, su visión de las cosas y de la relación entre hermanos irá cambiando su percepción.

5. María y la bruja Carlota

Niño que ha tenido un hermanito

Es muy importante que antes de que nazca el nuevo hermano los padres sepan que va a haber muchos cambios en la relación familiar y que detrás de la alegría que supone el nacimiento, se esconden dudas y miedos en el hermano mayor, ya que siente que deja de ser el centro de atención y teme perder los privilegios que tenía hasta entonces.

Muchos niños llegan a adoptar una actitud regresiva queriendo volver a ser bebés, se vuelven llorones, quieren otra vez el biberón o dormir con los padres, se hacen pipí...

Conviene plantear el nacimiento de un hermanito como una aventura en la que haremos participar al mayor y le daremos todo el protagonismo posible.

Es necesario comunicarle la satisfacción de contar con su ayuda para atender al bebé, aunque conviene no cargar al mayor con excesivas responsabilidades para no abrumarlo.

También es bueno recordar las cosas que el mayor hacía cuando era bebé pero, sobre todo, destacar las cosas que ha alcanzado de mayor. Todo ello sin insistir demasiado, ya que de lo contrario seguirá exigiendo mimos y atenciones.

En el cuento «María y la bruja Carlota» vemos a una niña mayor muy preocupada por el nacimiento de una hermanita que, con ayuda de una bruja bondadosa, comprende que sus padres y demás parientes la quieren como es y no la cambiarían por un bebé por nada del mundo.

7. El castillo del duque Barbazul

Niño desobediente

La desobediencia es uno de los tópicos en educación. La frase más usada por los padres es la de «no hay manera», «se le tienen que repetir las cosas mil veces», «no hace caso de nada».

Los niños, por naturaleza, pretenden ser el centro de la familia y quieren llamar la atención para que los padres o educadores les vayan detrás. Van actuando a su aire hasta que el padre o la madre les manda que hagan una determinada cosa. Si en las primeras etapas del crecimiento no se han establecido bien las normas de conducta y los padres no han dado claras normas de comportamiento, los niños hacen lo que les parece, sin tener en cuenta las pautas, ya que saben que los padres les repetirán varias veces la misma orden hasta enfadarse de verdad. A ellos este «juego» les conviene porque van ganando poder frente a los padres.

Basándonos en el principio del aprendizaje, los niños aprenden con los modelos de los padres y adultos. Si los adultos muestran con seguridad el modelo a seguir y más tarde refuerzan positivamente una conducta bien establecida, el aprendizaje se realiza correctamente. Si, por el contrario, los padres sólo están pendientes de reprender la conducta incorrecta, los niños creerán que ése es el juego, no aprenderán las normas de conducta adecuadas y mostrarán una mala adquisición de los aprendizajes.

Es decir, conviene dar las órdenes de forma clara, felicitar si se han cumplido correctamente y hacer caso omiso si no se han cumplido. El niño debe preguntarse por qué no le hacen caso y de forma natural irá corrigiendo su conducta porque necesita que lo atiendan.

El niño debe comprender que las indicaciones del adulto se hacen en bien del niño y que su desobediencia causa no sólo pesar en el adulto sino también en el niño.

En el cuento de Barbazul, la muchacha que nunca obedecía a su madre cuando la advertía de que no debía ir al bosque porque había lobos, se encuentra, al casarse con Barbazul, con un peligro que equivaldría al lobo, además de que comprende al final que tanto el duque como su madre acaban sufriendo por causa de su desobediencia.

8. Un gran aventurero

Niño temerario

Existen muchos niños que ya desde la más tierna infancia llegan a asustar a los padres por sus actos temerarios o su atrevimiento. Es como si no conocieran sus límites y probaran hasta dónde son capaces de llegar sin pensar en las consecuencias.

Este tipo de niños actúa de esta forma porque con su conducta ha logrado lo que pretendía. Consiguen llamar la atención y tener a los padres completamente en vilo, y eso condiciona su posterior comportamiento. Generalmente son niños que siempre llevan a los padres detrás gritando «cuidado». Son conscientes de que no les va a pasar nada porque los padres no dejan de vigilarlos. Pero ello tiene su peligro, porque en un momento de descuido de los padres pueden llegar a hacer algo verdaderamente inadecuado.

Ante estos niños se recomienda prevenir antes que curar. Es decir, comentarle la necesidad de tener cuidado y manifestarle el deseo y seguridad de que se comportará como un chico mayor. Nunca hay que manifestar alarma ante un atrevimiento del niño ya que puede interpretarlo como un juego, sino que hay que distraerlo con otra cosa, y una vez el niño esté relajado, explicarle la mejor y la peor manera en que podía haber resuelto la situación y felicitarlo si lo ha hecho correctamente. También es útil contarle casos de otros niños, no tan sensatos como él, que han corrido riesgos con consecuencias negativas.

El afán de correr aventuras de Xavier, el protagonista de «Un gran aventurero», lo lleva muy lejos de su mundo doméstico, que lo aburre; vive grandes aventuras con ayuda de su hucha mágica, pero, como todavía es un niño necesita regresar con los suyos. Sin embargo, su gran atrevimiento tendrá un fin trágico. Claro que todo ha sido un mal sueño y que, al despertar, Xavier se encontrará rodeado como siempre de su familia.

9 y 10. Las semillas de la vida - La herencia de Marta

Pérdida de un familiar querido

Ante un hecho tan real y tan inevitable como la muerte, debemos tener recursos para poder ayudar a los niños.

A los niños no se los puede engañar ni ocultar algo tan trascendente, pero podemos hacerles vivir la experiencia de la manera menos dolorosa posible.

Conviene hacerles sentir el contraste que conlleva la muerte, la pena por la pérdida, con la alegría por la huella y los recuerdos que ha dejado la persona querida.

Es muy importante darles apoyo y ayudarlos a expresar las emociones, tanto la tristeza como la impotencia, aunque es igualmente necesario hacerles sentir todo cuanto de hermoso ha dejado la persona perdida para que les sirva de consuelo y ánimo.

Ayuda mucho el buscar algún elemento que nos recuerde a aquella persona y que pueda permanecer asociada a ella para siempre. Los recuerdos de alguien querido dan sentido a su permanencia.

En los cuentos «Las semillas de la vida» y «La herencia de Marta» vemos cómo la huella que dejan el abuelo y la abuela fallecidos son, en cada caso, los hijos que suceden a los padres en este mundo y la cadena de vida que significan los objetos queridos y llenos de significado que pasan de mano en mano.

11. El grupo de la barricada

Separación de los padres

Este problema, bastante frecuente en la actualidad, provoca numerosos problemas en los niños, aunque si se sabe tratar bien, no tiene por qué dejar ninguna secuela psicológica. Vamos a enfocar el tema en general, ya que hay múltiples variables que crean más o menos problemas, dependiendo de la edad del niño, de la situación de los padres, hermanos, compañeros o escuela.

Así pues, partimos de la idea de que no hay ningún niño que acepte de buen grado la separación de sus padres y que ésta puede llegar a provocarle mucha angustia e inestabilidad emocional.

Hay que tener en cuenta unos conceptos básicos para que el niño se sienta lo menos perjudicado posible:

– Los padres deben comunicarle al hijo su decisión, con tranquilidad pero con realismo, para que sepa que lo han pensado muy bien.
– Deben dejarle muy claro que él no tiene ninguna culpa de esta decisión, que lo siguen queriendo mucho y que se trata de un problema de adultos que resolverán de la mejor manera, para seguir lo más felices posible.
– Deben dejarle muy claro que él no va a ser un elemento de discusión entre los padres y que no va a perder a ninguno de los dos. Va a seguir teniéndolos a ambos, aunque varíe algo el tiempo en que estará con cada uno de ellos.
– Conviene modificar lo menos posible los hábitos y costumbres domésticas del niño, para no perjudicar su estabilidad emocional.
– Conviene comunicar al entorno más cercano del niño la decisión, para que puedan ayudarlo a superarlo.
– Hay que saber respetar y comprender las reacciones de tristeza del niño y darle tiempo a que la vaya superando.
– En el caso de que los padres tengan una nueva pareja hay que darle tiempo al niño para que vaya acostumbrándose a ella y comprender que no le resulte fácil aceptarla.
– Hay que tener en cuenta que cada niño necesita su tiempo de recuperación y que no siempre aceptan la nueva situación.

Si se tienen en cuenta estos aspectos, el niño puede afrontar la nueva situación de forma más relajada y hasta encontrar nuevos alicientes que fomenten su estabilidad personal.

El problema de la separación de los padres nunca puede resolverse del todo, sólo ir adaptándose a él de la mejor manera posible. Daniel, el protagonista del cuento

«El grupo de la barricada», sabe aprovechar su propia experiencia para consolar a sus amigos. Él fue un niño que se resistió mucho a aceptar la separación de sus padres. Pasado un tiempo, ve las cosas con humor. Finalmente, los niños con padres separados se unen y forman una especie de grupo en el que unos transmiten a otros su propia «separación». No es un grupo aparte ni segregado, son amigos unidos por una experiencia común que tienen mucho que decirse.

12. Ricardo el Cresta y la princesa Tontorrona

Niño acomplejado

A veces los niños sufren por algún complejo o defecto, ya sea real o imaginado. Los prejuicios sociales son, la mayoría de las veces, la causa de este fenómeno. No obstante, se puede dar la circunstancia de que un niño tenga algún rasgo físico o psíquico real que lo distinga claramente de los demás niños.

Hay que saber ayudarlo y darle recursos para superar esta situación, de tal manera que esta diferencia quede compensada, sobradamente, con otras cualidades, mucho más importantes que el propio defecto.

Tenemos que partir de la base de que todos somos diferentes y que, para hacer que se respete nuestra diferencia, antes tenemos que aceptarnos y querernos a nosotros mismos tal como somos.

Es importante no compadecer al niño que sufre un complejo, ya que acentuaríamos su insatisfacción. Es recomendable ofrecerle seguridad y destacarle todas aquellas cualidades de las que pueda estar orgulloso.

También podemos ayudarlos a que se tomen su rasgo particular con sentido del humor y saquen incluso provecho de ello.

Asimismo, es útil enseñarle a meterse en la piel de otras personas que viven casos parecidos o peores.

Cuanto más aprenda a disfrutar de sus aspectos positivos mejor imagen tendrá frente a los demás. La autoestima es el principal remedio para combatir los complejos.

El cuento «Ricardo el Cresta y la princesa Tontorrona» nos muestra el caso de un príncipe muy inteligente pero muy feo, y una princesa que es todo lo contrario, muy guapa pero bastante simplona. El amor de cada uno de ellos por el otro hace el milagro de que el príncipe se convierta para ella en un chico guapo, y ella en una chica muy graciosa y lista para él. Ninguno de los dos ha cambiado, son como son, pero el cariño que cada uno siente por el otro hace el milagro.

13. Pablo y los hamsters

Niño adoptado

Aunque la adopción de hijos es algo cada vez más frecuente en nuestra sociedad, conviene tratarla con mucho cuidado para estar seguros de que no va a crear ningún trauma en los niños que van a vivirla en su propia piel.

Ya desde el principio los niños tienen que familiarizarse con la palabra adopción como una alternativa a la de hijo propio. El objetivo es que los niños perciban que los padres tienen tanta ilusión, o más, por tener un hijo adoptado que por tener uno propio. La carga afectiva que se vuelca en las dos fórmulas es la misma y sigue desarrollándose a lo largo del tiempo por igual.

Es muy importante que sepan desde el principio que son adoptados y no tengan que descubrirlo por sí mismos.

Si los padres mantienen con sus niños adoptados unos lazos de cariño muy estrechos, éstos no tendrán nunca carencias afectivas ni se sentirán diferentes de otros niños. También es importante que conozcan casos similares y puedan hablar de ello con naturalidad. La adopción no es ningún problema cuando los niños reciben el afecto necesario y la educación debida.

Los cuentos son una magnífica oportunidad para hablar del tema sin forzarlo, con gracia, fantasía y naturalidad.

En el cuento «Pablo y los hamsters», el niño protagonista comprende que los padres adoptivos son tan deseables como los propios.

14. El tesoro de la urraca

Niño cleptómano

Aunque no se trata de un problema muy frecuente, sí puede aparecer en algún momento de la vida del niño, originando mucha preocupación en los padres y educadores.

Generalmente, cuando hablamos de un niño que roba, no debemos pensar que se trata de un futuro delincuente, sino más bien de un niño que empieza, casi sin darse cuenta, a apropiarse de cosas de otros, sin valor, por afán de satisfacer necesidades concretas, con el único fin de tener más que los demás. Con frecuencia, son niños caprichosos que ya tienen muchas cosas y que dan más importancia a los objetos que a las relaciones afectivas. Puede ser que no hayan asimilado adecuadamente cuáles son los valores importantes de la vida y que no sepan apreciar lo que realmente vale la pena.

Conviene tratar el problema con firmeza, para que el niño llegue a distinguir claramente el comportamiento adecuado del inadecuado respecto a la propiedad de las cosas. Si se lo ayuda a apreciar sus propias cosas y a compartirlas, aunque sean de poco valor, sabrá respetar las de los demás sin ningún problema.

Conviene hacer que reaccione cuando ha robado algo y que sea capaz de devolver lo sustraído, por poco que sea, para poder felicitarlo por ello. De esta manera se sentirá orgulloso por haber rectificado su acción y muy probablemente no volverá a recaer. Puede hablarse, de vez en cuando, de lo bien que ha solucionado el problema y lo contentos que estamos con él.

«El tesoro de la urraca» muestra cómo su costumbre de robar todo cuanto ve y hasta los huevos y las crías de sus vecinos, hace a la urraca un personaje detestado y excluido de la sociedad de los pájaros. La soledad y el rechazo hacen que la urraca se consuele aumentando más y más su tesoro. Hasta que al encontrar a un humano afectuoso, deja de acumular cosas sin valor y vuelve a reunirse con otros pájaros.

15. Mi amigo Roso

Niño hiperactivo

El niño muy movido o hiperactivo crea muchas dificultades a los padres, que generalmente no saben de qué manera ayudarlo. Por diferentes causas, hay niños a los que les cuesta mucho permanecer tranquilos y quietos en según qué momentos. Una vez descartadas las causas de tipo orgánico, sabemos que la mayoría de los casos de hiperactividad han sido propiciados por estímulos externos. Es muy frecuente que los padres reaccionen ante las conductas movidas de sus hijos de forma equivocada sin saberlo, y de forma inconsciente refuerce la conducta del niño que cree que se trata de un juego entre él y sus padres. Lo mejor, pues, es no hacer caso de la agitación del niño, induciéndolo a que cambie de manera de comportarse para que todos estén contentos. Hay que hacer notar en cada momento sus esfuerzos y destacárselos, ya que no hay niño que no reaccione ante un halago. Es bueno decirle lo bien que se está cuando hay calma y tranquilidad. Ocurre muchas veces que cuando un niño está tranquilo no se le dice nada y en cambio se reacciona contundentemente cuando está alterado. El propio niño tiene que descubrir la gran diferencia que hay cuando está movido a cuando está en calma, así como las ventajas que saca de una y otra conducta.

En «Mi amigo Roso» vemos a un niño hiperactivo en acción a través de la mirada tranquila y afectuosa de su compañero de clase. Roso es incapaz de estudiar y de prestar atención a nada, pero tiene una virtud: es un magnífico dibujante. El compañero de Roso sueña con que se harán un día famosos como creadores de cómics.

16. El País de Todo al Revés

Niño mentiroso

Cuando un niño siente la necesidad de mentir es cuestión de averiguar a qué es debido. Puede ser que no se acepte como es, que no se sienta aceptado por los demás, que se haya acostumbrado a mentir por los beneficios que cree obtener o que no haya aprendido el valor de la verdad a partir del modelo de los adultos.

En primer lugar conviene ayudarlo a distinguir claramente entre la verdad y la mentira. Se pueden usar ejemplos de otros casos para que no se sienta acusado. Conviene darle seguridad, destacarle aspectos positivos de su manera de ser y aceptar sus equivocaciones como algo que puede corregirse fácilmente. Conviene decirle que es mejor rectificar una mentira que mantenerla y no hay que reprenderlo si confiesa que ha mentido.

Hay muchos niños que confunden la mentira con la fantasía y llegan a creerse su propia mentira, por lo tanto, tenemos que llevarlos con la debida cautela a la verdad, para que se sientan satisfechos de haber sido capaces de conseguirlo.

El ejemplo de los padres es, por supuesto, el mejor modelo y no debe descubrir la mentira a través de ellos.

La fantasía, la mentira y la verdad se confunden en la niña de «El país de Todo al Revés» de tal modo que llega a construir todo un mundo propio, en el que ella reina. Por suerte, su profesor se da cuenta del peligro que corre y se aplica a salvarla como un caballero andante. Un niño ya mayor tiene que saber distinguir entre realidad, mentira y fantasía, pero si bien la mentira no es nunca recomendable, la fantasía puede ser un don cuando está bien canalizada. Así, nuestra heroína, en lugar de reprimirla, encauza la suya escribiendo cuentos para niños.

17. El chico que rompió un cuento

Niño rebelde, agresivo, violento

Ante un niño rebelde conviene plantearnos cómo ha llegado a serlo. Siempre hay un origen en el comportamiento incorrecto. Cuando un niño desprende agresividad en sus actos es que algo no anda bien en su interior.

Con frecuencia los niños se muestran agresivos porque quieren esconder su inseguridad por medio de la fuerza. Es muy posible que no hayan conseguido éxitos o que no se les haya reconocido algo bien hecho y que busquen otro modo de ser protagonistas y de llamar la atención. Muchas veces el personaje que se les adjudica por su mal comportamiento juega un papel muy importante. Cuando se dan cuenta de que los adultos están pendientes de sus trastadas siguen por ese camino porque seguramente no se les ha hecho descubrir otro y de ese modo consiguen llamar la atención.

Conviene darles una imagen distinta para que se identifiquen con ella, destacando todo aquello que hacen bien o que pueden llegar a hacer bien en cualquier momento. Es muy recomendable no perder los nervios ante un mal comportamiento y, aunque es bueno hacerles notar su equivocación, se les tiene que enseñar la mejor manera de rectificar para poder felicitarlos si consiguen corregirse.

En «El chico que rompió un cuento» se nos narra la historia de un muchacho que sólo sabe obtener lo que quiere con violencia hasta que se da cuenta de que usando otros métodos puede conseguir lo que quiere y, además, la estima de la gente.

18. La ciudad maravillosa

Niño solitario

Cuando nos encontramos con un niño que acostumbra estar solo y que tiene dificultades para relacionarse podemos pensar que se trata de un niño que ha tenido pocas oportunidades de disfrutar de la compañía de otros y que ha tenido unos modelos sociales poco estimulantes.

Los niños acostumbrados a pasar muchas horas entre adultos no tienen unos modelos claros de cómo relacionarse con otros niños y les resulta difícil compartir sus juegos.

Generalmente, un niño algo sobreprotegido por los padres y poco estimulado a relacionarse con otros niños creará a su alrededor un mundo muy limitado, en el que se encerrará, buscando distracción en juegos a solas. Puede parecer que se trata de un niño tímido y vergonzoso, pero lo más seguro es que no haya podido demostrar su capacidad de relación por falta de modelos y de ocasiones en las que compartir juegos con otros niños. Algunos niños tienen dificultades para relacionarse porque temen perder los privilegios adquiridos, la seguridad y la protección de los adultos.

Por ello conviene estimular su habilidad social desde muy pequeños, colocándolos en situaciones en las que tengan ocasión de compartir trato y juegos, así como a ser ellos mismos con otros niños.

Cuando el niño se sienta bien adaptado y le satisfaga lo conseguido, será él mismo quien busque el trato de los demás.

De todas formas, hay niños de carácter tranquilo que se sienten muy bien jugando solos, leyendo, pintando, haciendo construcciones, y hay que respetarlo. Hay que saber si está solo porque quiere o porque no sabe estar con otros, si sufre con su soledad o sabe sacar partido de ella.

Un buen recurso que a veces tienen estos niños tímidos es poner en común alguna de sus habilidades como modo de relación indirecta, como el protagonista de «La ciudad maravillosa», cuya destreza manual e imaginativa atrae la compañía de los demás chicos y, finalmente, su amistad.

19. Viaje al Planeta Tartax

Niño tartamudo

Seguro que nos hemos encontrado muchas veces ante una persona con problemas importantes de habla y que alguien ha hecho broma o se ha mofado de ella. Es frecuente que en situaciones colectivas, incluso entre adultos, este hecho se dé y que no sepamos cómo abordarlo ante los niños.

Es muy importante transmitirles el sentido del respeto y de la tolerancia, igual que en el caso de las personas con alguna discapacidad.

Si enseñamos a los niños las diferencias que pueden darse entre las personas y que los problemas existen, no por deseo del que lo padece sino sin quererlo, éstos serán respetuosos y sabrán mantener una actitud educada y tolerante.

Si es nuestro hijo el que padece un problema de habla, debemos saber que ésta puede corregirse por medio de ciertas técnicas, y que en todo caso la mejor actitud es la de no forzar al niño a hablar bien, ni reñirlo, ni hacerle repetir lo dicho. La presión sobre el niño le produce tensión y nerviosismo, lo que a su vez empeora la dicción.

La princesa de «Viaje al planeta Tartax» habla el idioma de su tierra, que para el príncipe Terrestre es como un tartamudeo. Pero en el cuento nunca se ve como un defecto, sino como una manera extraña o diferente de hablar. Es la propia princesa la que, al viajar al planeta Tierra, quiere hablar bien el idioma «terrestre», para poder vivir a gusto entre sus habitantes. Así, el niño tartamudo debe intentar dejar su «tartax» para dominar el idioma corriente, a fin de expresarse mejor y no partir con cierta desventaja en la vida.

20. Me llamo Alicia

Niño discapacitado

La predisposición que tiene un niño a aceptar tranquilamente la compañía de un compañero con discapacidad depende muy directamente de los modelos que le dan los padres y adultos. Existen muchos prejuicios y conceptos erróneos acerca de esa cuestión y debemos tenerlos en cuenta para que el niño se eduque en el respeto y tolerancia hacia otras personas con problemas físicos o psicológicos.

Es cada vez más frecuente ver a niños con dificultades especiales acudiendo a la escuela o participando en actividades sociales, completamente integrados. Ésta sería la situación deseada y la más normal, ya que debemos partir de la idea de que todos somos diferentes, cada uno con su particularidad, y que todos somos iguales en derechos y deberes. Es decir, si aceptamos la igualdad dentro de la diferencia, sabremos transmitir esos valores a los niños y no tendrán ningún problema en aceptar a cada uno por lo que es y aceptarse a sí mismos cuando tienen alguna discapacidad.

Es muy educativo que los niños conozcan realidades distintas a la suya, para que sean respetuosos y tolerantes. Sólo conociendo lo que hay a su alrededor llegarán a apreciarlo. También es importante que sepan interesarse por la vida de los demás y que sean solidarios.

El caso de Alicia es ejemplar porque, aun estando condenada a una silla de ruedas de por vida, demuestra un sentido del humor, un coraje y una alegría extraordinarios. Alicia no se asusta de nada: esquía ayudada por su padre, se disfraza por carnaval, se va de campamento. El caso de esta niña demuestra que un niño discapacitado es capaz de hacer casi todo lo que hacen los demás niños por poco que se lo ayude.

21. Mojado y Bacalao

La enuresis

El problema de la enuresis es muy común y generalmente les da mucha vergüenza a los niños y a los propios padres reconocer ante los demás lo que está ocurriendo. Cuesta abordarlo a tiempo y, con frecuencia, se aplaza demasiado su solución.

Antes de hacer nada, es importante que el pediatra descarte cualquier problema orgánico en el niño, para poder tratarlo de forma conductual, en casa.

Los niños deberían tener un buen control de esfínteres a partir de los dos años, meses antes, meses después. Los aprendizajes en esta etapa se realizan sin demasiadas dificultades, ya que el niño está preparado mentalmente para adquirir aprendizajes muy complejos. Así pues, cuanto antes se lleven a cabo, mejor.

Se da el caso de muchos niños que aprenden a otro ritmo y se resisten a madurar en aprendizajes concretos, como el del control de esfínteres. Estos niños son completamente normales, aunque suelen tener dificultades en el aprendizaje de los buenos hábitos, dormir, comer, higiene personal, etcétera.

Antes de poner manos a la obra, conviene dedicarle al niño un tiempo para explicarle lo que vamos a hacer.

En primer lugar, vamos a eliminar los pañales, ya que es un niño grande que no los necesita. Conviene fijar unos horarios durante el día para animar al niño a que haga sus necesidades, de manera consciente, sin apurar demasiado la situación. Si lo consigue, se lo felicita y se refuerza la conducta adecuada, para que entienda perfectamente cuándo actúa bien. Si se le escapa, no se le debe reñir, simplemente hay que explicarle en qué situación sí lo ha hecho bien para que lo recuerde. Es necesario que controle bien los esfínteres durante el día para poder abordar la noche, generalmente más difícil, ya que es más larga y no interviene tanto la conciencia. Durante la noche (o la siesta), tampoco debe llevar pañales (una vez pasado el tiempo de aprendizaje), y debemos transmitirle ánimo y buenas expectativas de éxito. Si durante el día hemos fijado unos horarios, de noche también, aunque más espaciados. Durante la primera semana, debe hacer un pipí justo antes de meterse en la cama y lo levantaremos sobre las 12 o la 1 para que haga otro pipí. Si se levanta seco se lo felicita o se le da un premio de tipo afectivo. Si se levanta mojado no se lo reprende y se lo anima a que la noche siguiente lo haga bien. Si este proceso es positivo, durante la segunda semana no debemos levantarlo a media noche, ya que habrá aprendido a retener los esfínteres y se sentirá seguro. Conviene asegurarse al menos siete días antes de dejar de levantarlo por la noche.

Hay un tratamiento muy eficaz que puede aplicarse a niños que se resisten más, a partir de los seis años, que se trata del «pipí-stop», un mecanismo con un despertador del que el propio niño se hace responsable, con el apoyo de los padres. Conviene que intervenga un profesional para prescribir la necesidad y asesoramiento sobre su uso.

En el caso de «Mojado y Bacalao», se ha aprovechado el caso de que entre gemelos siempre hay uno que «manda» y otro que «imita», y a menudo no se sabe cuál de los dos es el verdadero enurético. Al conseguir que el que «manda» deje de hacerse pipí, vamos en camino de que el otro deje también de hacerlo. Además, se imitan también uno a otro en el caso del método del horario y las prácticas diurnas de retención y suelta de orina. Jugando jugando, aprenden. El método reflejado en el cuento vale igualmente para el niño solo, pero es difícil que dicho niño no se ría con las peripecias de los dos gemelos y se relaje en relación a su problema.